調査する人生

調査する人生

岸政彦

岩波書店

序

本書は六名のフィールドワーカーたちとの対話の記録です。お話しするのは、打越正行さん、齋藤直子さん、丸山里美さん、石岡丈昇さん、上間陽子さん、朴沙羅さんという、私自身がもっとも尊敬する「質的調査屋」の方がたです。沖縄のヤンキー、部落の結婚差別、女性ホームレス、フィリピンのスクオッター、沖縄の女性の貧困、在日コリアンの移動の歴史。六名とも、それぞれのテーマと対象に深く切り込み、重厚で誠実で真剣なエスノグラフィーを描いてきました。もちろん、本書に収められた六名の方以外にも、すばらしい仕事をしているフィールドワーカーはたくさんいますが、私はずっと以前から、これらの六名の方がたに、素朴で切実な問いを投げかけてみたい、それぞれがどのようなことに悩み、どのように対象と向き合い、どのように他者を「理解」しようとしているのか、率直に聞いてみたいと思っていました。そして、この数年のあいだにその願いがかない、じっくりとゆっくりと、ひとりずつお話をする機会に恵まれました。本書は、その機会に記録された対談を原稿にして、その場に参加できなかった方にも読んでいただけるようにとの思いで編纂されました。

ここで話されているのは、ずっと以前から社会学者たちが（上間さんは教育学者ですが）地道におこなってきた質的調査において、だれもがぶつかってきた普遍的な問題です。そしてまた同時に、二〇〇〇年代以降の社会学において新しく議論されてきたことでもあります。

社会を質的に調査研究する、ということは、どういうことでしょうか。

私たちは、「現場」で暮らすごくわずかの人々と直接会ってお話をした経験をもとに、そうした再現性も代表性もない「データ」から、社会というなにものかについて語ろうとしています。どうやって少数事例を一般化し、社会というもの、あるいは人々の行為や相互行為というものについて語るのでしょうか。私たちは沖縄のヤンキーたちの（暴力を含む）関係性から、戦後の沖縄社会の規範の構造と変動について語ります。部落の結婚差別をめぐるやりとりから、イエとは何か、部落差別の本質は何かについて語ります。女性ホームレス数人の人生から、女性にとって「主体的に選択する」とはどういうことか、どうしたらそれが可能になるのか、ということについて語ります。

私たちはただ単に事実や言葉それ自体を集めているのではありません。私たちには「書きたいこと」というものがあります。沖縄的共同性、貧困と身体、移動とアイデンティティ「について」書きたいのです。私たちは、私たちの隣人に対するささやかな参与観察や聞き取りから得られたデータや語りを通じて、貧困、排除、ジェンダー、差別、抵抗、宿命などなど、そういうことがらについて、これまで社会学や教育学のなかで蓄積してきた「理論」の助けを借りて描いていこうとしているのですが、これは要するに、数少ない具体的な事例のデータや語りを「一般化」「抽象化」するということです。こう言ってしまえば簡単なことのように聞こえますが、これが実は、よく考えるとけっこう難しい。

ただ、少なくともこういうことは言えます。私たちは体を張って現場で集めてきた人々の行為や会話の記録、あるいはさまざまな場所で語られる生活史の語りに対して、理論の力を借りながら、「解釈」を加えるのです。ここにおいて私たちは、「データそのものから言えること」からはるかに逸脱していきます。

こういう逸脱、あるいは跳躍は、いかにして可能なのか(私はかつてこの解釈という営みを、「鉤括弧を外す」こととして考察しました。詳しくは拙著『マンゴーと手榴弾——生活史の理論』(勁草書房、二〇一八年)をお読みください)。こういうことを、社会学内部のローカルな理論的・方法論的な「位置どり」も含めて、私たちは常に考えざるをえません(社会学の内部のさまざまな問題点や現状、今後の展望については、岸政彦・北田暁大・筒井淳也・稲葉振一郎『社会学はどこから来てどこへ行くのか』(有斐閣、二〇一八年)という対談集をぜひ参照してください。やや抽象度は高いが、(私以外は)第一線のプロたちによる熱い論戦が展開されています)。

さらに、こういう問題もあります。そうした跳躍や解釈は、調査対象者や語り手などの人びとにとっては「暴力」ではないのか。

暴力の問題についてはここでじっくり触れることはできません。さいきんは当事者研究やオートエスノグラフィーなど、そのすべてが暴力の問題から直接出てきたわけではないにしても、この問題と深く関わっている議論が盛んにおこなわれるようになってきました(私なりにナイチャーとして沖縄にどう関わるか、という問題について考えた本が『はじめての沖縄』(新曜社、二〇一八年)です。これはいわば私の、ナイチャーというマジョリティとしての当事者研究です)。

解釈や跳躍に関する方法論的なこと。当事者性や立場性、あるいは暴力という倫理的で政治的なこと。それだけではなく、私たちは常に、現場において、現場に特有の、個別的で具体的なことについて悩んでいます。

自分たちのやっているのははたして「研究」なのか。「支援」とどのように距離を取るべきか(あるいは取るべきではないのか)。社会問題を「解決」できるのか。現場における複雑な人間関係。社会運動体との関わり。私たち社会学者の多くが、「研究成果の論文や本を調査対象者や現場の人びとが読む」という仕事をしていますが、そこから生じるいろいろなこと。

そもそも私たちは、現場の人びとを、理解できているのでしょうか。部分的にでも、ほんの少しでも、できていてほしいと願って私たちは今日も現場に行きます。しかし、この問いには、答えはありません。

そして、もっともっと具体的なこと。聞き取りの場所をどこにするか。手土産はどうするか。謝礼を渡すべきかいなか(私と、本書にも登場する石岡丈昇、丸山里美の三名で書いた教科書『質的社会調査の方法――他者の合理性の理解社会学』(有斐閣ストゥディア、二〇一六年)では、こうした具体的な調査の作法から、もっとも抽象的な「他者の合理性の理解」という問題まで、さまざまな論点を縦横に議論しています。おそらくいま質的調査の教科書のなかでもっとも広く読まれているもののひとつだと思う。フィールドワーク、参与観察、生活史の方法に興味がある方は、ぜひお読みください)。

それだけではなく、私たちは仕事として教育をするという職業です。学部生さんや院生さんにどのような指導をすればよいのかわかりません。最近は調査倫理委員会とか論文査読とかいわゆる「学振」(奨学金)とか、フィールドワークや論文執筆にもいろいろと細かい制限があり、自由にのびのびと研究ができる状況であるとはとてもいえないのです。やはり、ちゃんとメジャーな学術雑誌の査読を通して業績を積んでほしいのですが、年を重ねた側からすると、もうすこしちゃんと対象とテーマに密着して、じっくり調査をしてほしい、とも思います。

質的調査固有の方法論的な問題から、個別的で具体的な調査対象の人びとや院生さんたちとの関係性まで、私たちの悩みはつきません。とてもとても、私たちの方法と実践が、他者と共生する作法であるとか、他者を理解する営みであるとか、そういう大それた話はできない。しかしそれでも、私たちは今日も手土産を携えて、調査地に赴く。

ここ数十年にわたり、社会学だけではなくひろく「思想」の文脈においても、他者は理解できない、他者を安易に理解してはならない、という主張が強かった。そのことに異論はありません。ただ私たちは、それでも何かひとつぐらい、他者の言葉を聞いて「学ぶ」ことができるはずだと信じているのです。

岸　政彦

目次

序

第1回　打越正行×岸　政彦
相手の一〇年を聞くために、自分の一〇年を投じる ―― 1

暴走族の中でパシリをはじめる／「大学生のくせによく頑張ってるじゃないか」／「地元」はどうやら優しい共同体ではない／ネットワーク全体の中に埋め込まれて関係性や作業が進んでいく／地元の実践感覚を数年かけて身に付けていく／パシリを引き継ぐ後輩が入ってこない／製造業は「書かれた言語」、建設業は「話し言葉」のコミュニケーションが中心／リスクを最小限にしてうまく生き残り続ける能力／暴走族が一〇年間で激減／ストレートな地元愛を聞くことはほとんどない／敬意を持つ相手は、妻や彼女を殴る男でもある／調査の初日にパクられる／いつまでたっても自分はよその／関わり続けたら完全に中立的ではいられない／本は燃えてもフィールドノートは燃えなかった／沈黙に耐えきれずカラオケで曲を入れてしまう／「別世界のビックリ話」で終わらせないためにどう書くか／暴力の問題を自分の問題として書く／調査対象でもフィールドワークでもなく、人生である

装丁　鈴木成一デザイン室

第1回

打越正行×岸 政彦

相手の一〇年を聞くために、自分の一〇年を投じる

今回お話しするのは、和光大学の打越正行さんです。二〇一九年に刊行された『ヤンキーと地元――解体屋、風俗経営者、ヤミ業者になった沖縄の若者たち』(筑摩書房)は、発売より大きな話題を呼び、第六回沖縄書店大賞 沖縄部門大賞を受賞しました。対談を通じて、一〇年以上をかけて沖縄の若者たちの社会に入っていった打越さんの「調査する人生」を聞きます。

暴走族の中でパシリをはじめる

岸　打越正行さんは社会学の中では伝説的なひとで、最初に会ったのは一五年くらい前、当時からすごいフィールドワーカーがいると話題になってたんです。まだ二〇代ですよね。あの時は沖縄に入る前だった？

打越　そうですね。広島で暴走族の調査をやってた頃です。はい。

岸　その調査は、打越さんが暴走族のたまり場に歩いて近寄っていって、「ぼくを入れてください！」って言って始まった。

打越　人類学的には極めてオーソドックスな、つまり調査するひとびとの社会に入らせてもらうやり方で調査を始めました。

岸　オーソドックスに(笑)。

打越　アリスガーデンという名前の公園で、彼らはわりと気合が入った集会をしていて。「○○連合！　打越よろしくー！」って言ったら、周りが「よろしくー！」と返答して、輪になって並んで、その声かけを一周する声出しという儀式があって。

岸　人数分「よろしくー！」しないといけない。そのビデオがすごく面白くて。暴走族の中に入って、打越さんは調査をしようとどの時点で思ったんですか。こんなひとがいるんだって、衝撃を受けました。打越さんは調査をしようとどの時点で思ったんですか。打越さん自身の生活史も相当面白くて、出身は広島で、大学は琉球大学。教育学部の数学科で、数学の先生の免許を持っている。で、琉球大学を卒業したあと、一年間大学に住んでたんだよね(笑)。

打越　そうです。住まわせてくれたんです。

岸　住まわせてくれたって、たぶん黙認してただけだと思いますが(笑)。

打越　違うんですよ。大学の先生が同僚との会議でちゃんと通してくれたんです。よく住まわせてくれたと思います。

岸　へえええええ。今だったら考えられないね。打越さんをキャンパスに住まわせるか住まわせないかの会議……教室で寝てたの？

打越　教室で寝てましたね。寮へ風呂入りに行って。寝袋で寝てたら、ときどきニャンコが中に入ってくるっていう。

岸　あー。いいですね。

打越　いやいや、私そんなにニャンコ得意じゃないんで、夜中に入ってきたらキャーって叫んでました。

岸　もったいない……一緒に寝たらいいのに……。それで広島に帰って、広島で社会学の大学院に入る。もう社会学者になろうと思ったんですか？

打越　社会学者なんてまだまだ、ただ社会学を勉強したいなと。

岸　社会学の中でも最初からフィールドワーカーになろうと？

打越　はい、それは。とにかく調査をしたかったですね。

岸　お手本になった本はありますか。

打越　やっぱりポール・ウィリスの『ハマータウンの野郎ども』(ちくま学芸文庫)です。ほんまに何回も読んで。いま三冊目なんですよ。一冊目、二冊目はボロボロになってですね。全部付箋貼って、全部赤線引いて。どこが大事かよく分かんなくなってます(笑)。前半の民族誌編はほんとにおもしろいので、みなさんも騙されたと思って読んでみてください。

「大学生のくせによく頑張ってるじゃないか」

岸　社会学の調査としては、打越さんは広島の暴走族の参与観察を数年やったんですよね。そのあとは沖縄に移住して、まずは同じように暴走族を？

打越　そうです。国道五八号線という沖縄の幹線道路があるんですが、そこが暴走族の若者たちが集まり、暴走をみせる舞台だったんですよね。バイクでブンブンいわせてるときに声かけると怒られるので、彼らがコンビニで休憩しているときに声をかけました。最初の頃はぜんぜん相手にしてもらえなくて。当時私は三〇手前で、私服警官じゃないかと、すごく警戒されました。私もうまく話を聞けなくて「どこの生まれ」とか「何歳？」とか警察が聞くようなことしか聞けなくてますます警戒されました。彼らに覚えてもらうために、毎日同じバイクと同じ服で行って。あっ、洗濯してないとかじゃないですよ(笑)。そうやって覚えてもらって、面白がられて。二年目か三年目くらいで、建築現場に入れてもらえるようになりました。これが転機でしたね。

岸　よくそこまでやりましたね……。

打越　建築現場で働かせてもらって、大学生のくせに――彼らの中では、大学院生も大学生なんですね――よく頑張ってるじゃないかと、評価を得たのがさらにそこから二年、三年目。ここからやっと、話を聞かせてもらえるようになった。さすがによく耐えた(笑)。この過程で起こったことって、信頼関係を築くというより、彼らにとって大学生っていう得体のしれない勉強しかしてこなかったようなやつが、実は俺たちよりなにも知らない、できないことがバレてしまったんだと思います。だから、彼らは私にバイクの改造の仕方、泡盛のつくり方、キャバクラの楽しみ方などを実地で教えてくれたんです。物知りや偉そうなやつから、なんも知らない、できないやつに時間をかけてたどり着いたんです。

岸　人類学的な調査ですよね。ぼくは調査をやっていると言っても、人と喋るのが苦手で、わりとワンショットサーベイが多いんです。人を紹介してもらって、生活史を聞いて、あとは手紙のやり取りくらいってことが多い。

打越さんみたいにじわじわ、最初の数年を無駄にしながらも、入って行くというのは、今の社会学をやっている人の中では、あんまりいないですよね。そうした入り方をしていって、「地元」というキーワードがだんだん焦点化されていくわけですよね。

打越　そうですね。なんか大事なこととか面白いことが焦点化されていくのって、あとからなんですよね。

「地元」はどうやら優しい共同体ではない

打越　地元に焦点化するきっかけになったのが、『ヤンキーと地元』の冒頭に出てくる、「沖縄、嫌い、人も嫌い」と言ったヤンキーの若者、拓哉(仮名)の語りです。

岸　あの語りを聞けたのはほんとうに素晴らしいと思います。上間陽子さんも別のところで「調査者として嫉妬する」みたいなこと言ってますよね(信田さよ子・上間陽子『言葉を失ったあとで』筑摩書房)。なぜ「嫌い」と言ったんだろう。

打越　強烈な上下関係が大きかったと思います。彼はやんばる(沖縄県北部)の僻地出身なんですけど、エイサーに誘われるようになるんです。エイサーというのは伝統芸能で、地元の先輩から無理やり誘われて、練習に来なかったら痛い目にあわされる。お酒も飲まされる、もうめんどくさいと。彼は地元を出て、中部あたりで働き始め、建築の仕事をしたり仕事を転々としていた。沖縄出身者が「沖縄が嫌い」って話を、私ははじめて聞いたんです。その沖縄ぎらいは、上下関係や、仕事がないところにあると思った。彼がそう感じるわけを、沖縄の歴史や社会的背景から書かなければいけないと思いました。

岸　それまでの沖縄研究では、「共同体社会」として沖縄を描くことが主流でした。大阪や東京のような都市部にはなくなった、豊かな共同体がまだ生きていて、相互扶助の論理で暮らしているのだ──と。九〇年代からは変化して、ネットワークはあとから構築されたものであり、その中にも多様性があるのだという議論も出てきました。でも基本的には、共同体社会を前提として描かれてきたと思います。ぼくも最初から非常に違和感があった。

それに気づいたきっかけは、のちに『同化と他者化』(ナカニシヤ出版)という本のもとになる調査をしていたときです。二〇年ぐらい前かな。復帰前の集団就職や本土出稼ぎについて調べていたのですが、当事者に話を聞こうと思っても、沖縄の友だちはほとんど紹介してくれなかった。そもそも「そういう層のひとたち」とつながりがないんです、みんな私と同じように大学や大学院を出て安定した暮らしをしているひとが多かったですから。まあ私は貧乏な大学院生でしたが。階層格差っていうか、やっぱり沖縄も学歴や職業によって「分断」されているんだなという、当たり前のことに気づいたんです。

拓哉が「沖縄は嫌い」と言ったことから、沖縄の共同体の経験のされ方の多様性を感じますよね。一枚岩ではない。階層格差もあるし、ジェンダーもあるし。「地元」というのは、どうやら優しい共同体ではない……ということが、ぼく自身も調査をする中で段々分かってきて。

打越　かといって、壊れているわけでもない。

岸　そうそう。壊れていない。「いろいろな機能を持っている」ということです。

打越　そこが大事で。みんなで助け合って「ゆいまーる」(「助け合い」を意味する沖縄方言)な、相互扶助が機能している共同体でもないし。でも共同体がぶっこわれて、みんなが個人的に生きているわけではない。ヤンキーの若者たちが今の沖縄を生きるために新たに厳しい上下関係を必要としていて、つくられているんです。だから、それは懐かしむものでも、遅れたものでもない。このように地元の人間関係の在り方が変わっていく過程に、関心は焦点化していきました。

岸　単なる弱肉強食ではないということです。そうした形で、打越さんの中で「地元」

がテーマとして焦点化されていったわけですね。

ネットワーク全体の中に埋め込まれて関係性や作業が進んでいく

岸　さて『ヤンキーと地元』は、ジャーナリスティックな本として読まれることが多いですが、実は非常に理論的な本だと思っています。今回は社会学の理論的なところを中心に話していきたい。

まず第二章で、建築現場に入りますよね。地元で暴走族をやっていた少年たちが、暴走族を卒業して日雇いとして建築現場で働くようになっていく。打越さんはなぜ建築現場に入ろうと思ったの?

打越　まずは、国道五八号線で彼らが暴走しているところに調査に入って、バイクの改造を行う「アジト」に通うようになります。

岸　地元の暴走族のバイク倉庫だけど、たまり場になっていてダーツやトランプ賭博をやったりするんだよね。

打越　はい。そこで、強烈な上下関係を見ました。先輩は後輩たちを強引にトランプに誘います。後輩は勝てないし、勝ってはいけない。お金がなくなるとギャンブルできなくなるので、先輩は後輩に「トランプできないなら、沖組(建築現場)で働けばいいさー」と優しく仕事に誘うわけです。かつての中学時代のように「金だせ!」ではなく、優しく方向づけられていく。そうして現場に入ると、仕事内容もそうですが、過酷な人間関係があるので、ぜんぜん優しくないんですけどね……。

それにアジトにいるメンバーはみんな沖組で働いているので、給料日にいくらもらっているかもバレバレです。「給料日だし、トランプやろう」と誘われたら、後輩は断れない。この関係は、生涯とまではいかなくても、当面終わる見込みのない関係だとアジトに入った時点で見えてきて、それは現場で働く際に求められてのものではないかと思い、それを確かめるために建築現場で調査を始めました。現場に入ってみたら、本当にそのままでしたね。本にも書きましたが、後輩たちは「兵隊」と呼ばれる。地元の先輩にとって、後輩は「兵隊」だと。

岸　このトランプでは、後輩は勝てないんですよね。

打越　勝つとシバかれるか目の敵にされる。技術がものをいうダーツは先輩が勝つんで安心してできるんですけど、トランプだと時どき間違えて後輩が勝っちゃう時がある。

岸　間違えて勝っちゃう(笑)。

打越　そう、間違えて勝っちゃうと、次の日は必ず「今からトランプやるから来い」と誘われて、根こそぎどころかもっととられて、「お金がないなら働けばいいさー」と。どんどん後輩も地元から逃げられなくなっていく。

岸　これだけ聞くと、単に理不尽で過酷なように思えます。ここから『ヤンキーと地元』では、なぜ過酷になるのか？　と理論的な問いに入っていく。

例えば、建築現場では言葉で教えてくれない。ぼくも日雇いのドカタを長いことやってたんで分かるのですが、現場での指示は「おい」「こら」で行われる。普通はそれじゃあ分からないですよね。入って初日で「おい、あれ」とか言われて、持っていくものを間違えると怒られる。

打越　そうなんです。分からないんで聞くしかないんですが、聞いても怒られる。岸さんは建築現場の学習過程を、「学習」と「練習」と「テスト」を同時にやり続けてるって書かれてましたね（「建築労働者になる——正統的周辺参加とラベリング」『ソシオロジ』四一（二））。ほんと、その場で起こってることをうまいこと概念化されますよね。私は一〇年かけても気づけないこと多いのに。

岸　習ってないことを間違えると怒鳴られる現場。その中で人はどうなるのか。限りなく中動態的というか、全体を見渡して、ざっくりした反射神経みたいなところで動いていく感じになっていくわけですよ。

『ヤンキーと地元』の中でも、出来の悪い先輩が怒られているのを見たりして、「ああいうことをしたら、怒られるんだ」と身体で覚えていくところが描かれています。つまり、仕事を覚えるということと、人間関係をうまくやっていくということが不可分なんです。ネットワーク全体の中に埋め込まれた形で、関係性や作業が進んでいくというのが、地元社会の構造そのままなんです。

打越　おもしろいですねー、國分(功一郎)さんの中動態の話ですね。現場でそういう風に指示を出すでも指示を受けるでもないところで作業が展開されていく感覚を絶対に書きたかったんですよ。軽度の知的障害のある方が建築会社で働いていて、仕事の時にバカにされたりもするんですよ。「まだ、これやってるの?」と。でも過度にバカにされているわけではないんです。今お話ししたように、後輩たちはその先輩がいつも怒鳴られてバカにされているのを見て、仕事をおぼえているからです。だから後輩たちが、一緒になってその先輩をからかうこともない。そういう面が確かにありました。

地元の実践感覚を数年かけて身に付けていく

岸　ピエール・ブルデューがいった「実践感覚」のようなものですよね。実践(プラクティス)的な感覚、現場の感覚が、地元の人間関係にもそのまま使われている。例えば本の中で「回ってきましょうね」という言葉がある。

打越　先輩たちが居酒屋でお酒を、深夜二時三時まで飲むんですが、みんな過去の集団暴走で免許停止になっているし、送迎を呼ぶお金もない。地元の後輩に電話をして「おい、ちょっと、今どこどこで飲んでるから、家まで送れ」と無理難題をいうんです。後輩は夜中なので、普通に寝ているわけです。そういう時に、「あ、あとから回ってきましょうねー」と、行く気はあるんですよという体で、ただどっちつかずの返事をして電話をとりあえず切る。そういうことで、かわしていましたね。

岸　「こんな夜中に何ですか！」と表だって言って関係性を壊してしまうリスクを避けながら、同時に自分のこともちゃんと守る。実践的というか、ほとんど身体的な行動ですよね。うまいこと収めるのが第一目標のような感じで。だから、角を立てないけれど、自分もなるべく損をしないようにする。

現場の労働形態がまさにそうで、日雇いでは毎日現場が変わるし、オン・ザ・ジョブ・トレーニングみたいなものもない。人も毎日入れ替わるし、一から教えてもらえないんですよ。やっている方もしんどいし、イライラしちゃうし、殴っちゃう人もいるし。そういうところでは過度に自己主張もしないけど、状況を敏感に察して、損もしないように振舞う。ここでは人間関係が死活問題です。

打越　私も桟木《さんぎ》っていう木の棒で、ヘルメットをバーンと叩かれました。よく見ると、その桟木に釘が刺さってるんですけど。そういう場所なんで、損をしないようなところに落とし込む感覚はよくわかります。先輩にたてついたりしたら、すべてを失うわけですよ。そんなのは法律で守られてる人の戦い方で、彼らは勝てないなかでいかにすべてを失わずにとりあえず明日の生活をやりくりするかの戦いを展開しています。

岸　ぼくも数年やっていたので、そういう雰囲気になるのは分かる。仕事できないとバカにされるし。言語化されないようなやり方で動いていくところが、地元社会と建築現場ではパラレルになっている。

地元社会や共同体が過酷であることは、社会学者でなくてもみんな分かってるし、社会学者も分かってはいるんです。でも打越さんのように、そこまでちゃんと描いた社会学者はほとんどいないんですよ。その過酷さ、ヒリヒリとした切実さ、身体の張りかた。実際に打越さん自身が先輩にシバかれながら書いている。

打越　そう。過酷な社会であることは事実なんですよ。理不尽に殴られる。目の前でそういう展開になると、もうわけ分かんないから、とりあえず落ち着いてもらうために振舞うしかない。角を立てずに振舞ったりね。そんなの、逃げればいいじゃん、仕事変えればいいいじゃん、沖縄を出ちゃえばいいじゃん、と思うかもしれませんが、彼らはそうしない。

私ははじめ、選択肢が少ないから、逃げないのだと思っていました。だけど最近、そうじゃないなと思ってきた。選択肢が少ないんじゃなくて、選択肢はないんです。ゼロのところから、地元先輩を怒らせないように振舞ったり、送迎に行きたくないけど行かなきゃいけなかったり、どう話を落とすのかみたいな、感覚的なものを、四、五年かけて身に付けてやっとひとつ地元で生きるという選択肢をつくるんですよ。やっと時間をかけて先輩の扱い方が分かってきたし、先輩の扱い方はその先輩にしか使えないですから、やっと身に付けたものを、そんなすぐには手放さないですよね。

岸　若い奴は全員がパシリなんですよね。だからフィールドワークをパシリからやった打越さんの方法は、ものすごく正解なんです。地元の若い人たちと、同じ体験をしているわけですから。

打越　最初から狙ってやってたらよかったんですけど、それはあとから気づきました(笑)。

パシリを引き継ぐ後輩が入ってこない

岸　そしてパシリで五年くらい我慢したら、下からまた入ってくるの。先輩たちは三〇歳くらいで、鳶として独立したり、生活が安定したりしていって、妻子もできて、現役からはちょっと抜けて、隠居や名誉顧問な感じになっていく。で、今度は自分が一番上になれると。でも今までのそうした流れが、いまは崩れているんですよね？　沖縄でも少子化が進んでいる。

打越　彼らの中のステップアップがもう出来なくなってきています。少子化で子どもの数も減っているんですが、そもそも九三年からインバウンドが始まる二〇〇〇年代ごろまでは沖縄の建築業の仕事が減っているので、若いのをわざわざ育てる必要もなくなっていました。

私が調査の対象にしてきたのは、そんな状況の中で、下から入るべき人たちが入らなくなってきた世代の若者でした。しんどい役割を後輩に引き継ぎたいけど、引き継げない。あと五年殴られれば、自分たちも「兵隊」を脱して殴る側に回れるという見通しで、一応踏ん張ってきた。でも下が入らなくなって、二〇代後半、三〇になっても地元の先輩たちのパシリをしなければいけない。いつ終わるのか分からないキツさが生まれてきた。

三〇歳になってもパシリをしなければいけないのは、屈辱的ですよね。自分としては次のステージにいけたと思っていても、いけない。殴られる側から殴る側になれているわけでもない。給料も一日八〇〇〇円で頭打ちなんですよ。技術的には彼らいわく四、五年でほぼ身に付けてしまう。キャバクラに行っても、若い頃はチヤホヤしてもらえるんですが、二〇代後半だとおじさん扱いされてしまう。なんかすべての面で、自分がステップアップしていると感じる機会がなくなっていきます。

知念渉『〈ヤンチャな子ら〉のエスノグラフィー』(青弓社)を読むと、内地の工務店や建築現場の中には、ステップアップがありますし、その土地で開業して地縁血縁をもとに長く雇い入れる体制がまだ残っています。上下関係はあると思いますが、下から生意気なヤツが入ってきても、自身が二段も三段も上のステップにいるわけですから「若くて、元気があるのが入ってきた」と笑えるわけです。でも沖縄では、自分が次のステージにいけない状況にあって、フラットにタメ口なんか使われたら「分かってねぇな、ブシッ(殴る擬音)」ってなる。

岸　やっと建築現場に入ってきた、若くて、しかも仕事の出来る子がギャンブルで負けさせられたんだっけ。

打越　そうです。ギャンブルで大勝ちしてしまったんです。勝ったらふつう笑いますよね。でも「なんでアイツは、笑ってるば。許さん」みたいな感じで、ボコボコにされて辞めちゃいました。

岸　そんなことしたら、余計入ってこないし、悪循環ですよね。『ヤンキーと地元』で描かれているのは、まず、地元の感覚ですよね。じわーっと上手いこと丸めるような感覚。さらにどのような仕事をしているのかと、地元の人間関係とにすごく関連があること。経済的な条件と、共同性とのあいだに関連があることは、これまで理屈では指摘されていましたが、具体的に描いたのがこの本です。

もっとすごいのは、この構造が変動しているプロセスを書いていること。今まで「共同体が、沖縄社会の本質だ」と描きがちだったのを、経済の方に埋め込んで考えた。しかも自分で現場まで行って見たことで描いた。しかもそれが普遍的なものでありつつ、たとえば少子化などの、いろんな条件で変動していくところも具体的に描いたのはやっぱすごいな。

製造業は「書かれた言語」、建設業は「話し言葉」のコミュニケーションが中心

打越　沖縄にはほとんど製造業がないんですよ。油まみれになる仕事がない。私が影響を受けた『ハマータウンの野郎ども』では、仕事に誇りを持って働いていく男たちの話が書かれています。でも私が調査で出会った建築業の彼らは、誇りを持てていなかったんですよね。「俺らの仕事なんて、単純で、誰でもできるんだよ」と言っていた。仕事への誇りもそれを支える地位も何度も壊されてきたので、だから最後にすごく強烈な上下関係に頼らざるをえない。これって沖縄でもともとあったものではなく、特定の歴史や産業構造によって出来上がっているものだと私は思っています。

岸　ぼくらの共通の師匠である青木秀男さんが、ホームレスや寄せ場労働者の人生について論文を書いています（『現代日本の都市下層』明石書店）。戦後の高度成長期に大量の貧困層が山谷や釜ヶ崎に流入し、主に下層建築労働に携わっていく。都市下層というものも、要するに都市化や産業化のなかで生まれてくるんですよね。

打越　青木先生が行った調査は強烈で、ひとつだけエピソードを紹介すると、青木さんが調査しているホームレスのおっちゃんから「俺は故郷の家族に仕送りしよるんで」という話を聞いたらしいんですよね。いくらかは忘れたんですが、数万円だったかと思います。その男性の話は周囲のホームレスの方々からすると、そんな余裕はないはずで「嘘」なん

ですよ。そんな不確かなデータはいままで論文などでは使えないものだったわけです。ここからがすごいんですが、青木さんはこの語りの真偽を判定するのでなく、その「理由」を理解しようとするわけです（青木秀男「都市下層と生活史法」谷富夫編『新版 ライフヒストリーを学ぶ人のために』世界思想社、一〇五―一三二頁）。日本のホームレスっていうのは男性が多くて、当時はまだ社会病理学などで救済の対象だったり社会を改良してなくす対象だったんですよね。つまり怠け者で社会に不適合な人たちだという理解です。それに対して青木さんは、このおっちゃんは「俺は怠けもんじゃないんで」ということ、つまりしっかり稼いどんでということを伝えているのではないかと主張されるわけです。また仕送りの話も今はひとりだけど俺の稼ぎをあてにしている家族が故郷におるんで、つまりひとりじゃないんでということを伝えようとしている。日本のホームレスが（海外と比較して）孤立し「惨め」な生活をしつつ、勤労倫理に基づいた「誇り」をもっているという相反する感情をもちながら生きているという知見を発見し、それをもとに先ほどの社会病理学などを痛烈に批判したわけです（青木秀男『寄せ場労働者の生と死』明石書店）。まあ惚れますよね（笑）。

岸　妻木進吾さんの論文（「野宿生活――「社会生活の拒否」という選択」『ソシオロジ』四八（一）。後に『岩波講座 社会学 6 労働・貧困』に再録）でも、実はホームレスはかれらなりの「労働規範」を持っていて、だからこそ福祉に頼らずに公園で暮らすことを選ぶんだ、ということが書かれています。

話を戻すと、ホームレスになった方にライフコースを聞くと、地方からやってくるまでは一緒なんだけど、建設業を選んで入ってきた人が多いんです。製造業は資本の蓄積があって生活が安定しやすい。あと、時間通りにはじまって、全部手順が決まっているんですよね。鎌田慧の『自動車絶望工場』(講談社文庫)なんかは、手順が全部決まっていることのしんどさが書かれてあったわけですが。

一方で建築現場は、ものすごくファジーなんですよ。自分がいま何の仕事をしているのか、現場の仕事を見通すまでに何日もかかる。現場の人間同士のコミュニケーションに依存するんですよ。それは飲食店やサービス業にも共通しています。まさに沖縄の産業構造で多いのがサービス業と建設業です。だからこそ地元の人間関係のネットワークの濃さが維持されている。沖縄の伝統文化という面もあるでしょうが、産業構造の問題でもあるのではないかと思います。

打越　そのファジーな感じが表れてるのが言語です。建設現場では社会関係や文脈に依存した言語で仕事の指示が出されるわけです。それを理解できるのは特殊能力ですよ。そういう言語を身につけなければならない点で、製造業と建設業には大きな違いがあります。製造業はマニュアルの存在からもわかるように「書かれた言語」がその特徴で、建設業は文脈依存的な「話し言葉」が中心となっています。

例えば沖縄で建設現場から自動車の修理工場に移った方が何名かいて。彼は自動車の塗装の仕事をしています。「俺はね、ＡＢＣＤＥぐらいの五段階のレベルの仕事を使い分けできる」って言うんですね。例えば、近所のおばちゃんとかが、そこらへんで車をこすってきたら、もうＥランクの仕事でいい。手を抜いているわけじゃなくて、おばちゃんにＡランクの仕事をしたら、ボラれたと思われるわけです。

一方、自衛隊のお兄ちゃんが車をこすって持ってきた場合。こういう人にはＡの仕事をする。で、ちゃんとお金を取る。そういう仕事のやり方をしている。自分の技術を調整して、社会とネゴシエーションしながら働いている。これは建築にはない感覚です。それができるのは、技術を習得するマニュアルがあって、それに沿って成長した軌跡を実感しているからです。

岸　なるほどね。

打越　建築には期日だけがあって、そこにいたる過程は現場任せです。現場監督はいますが、常に一階の事務所にいるので、いないようなものじゃないですか。その中で、無茶苦茶な納期だったら暴力が起こりやすいし、誰と働くのかで、ぜんぜん異なる仕事になっちゃうんですよ。

リスクを最小限にしてうまく生き残り続ける能力

岸　その次の章では性風俗店の経営の話が出てきます。女の子のスカウトや管理の仕方が、詳細に鮮やかに描かれている。その実践感覚も面白い。女の子と等距離を取り、表だって権力や権威に反抗しない。警察やヤクザに歯向かわない。そうやって上手いこと回していく。ものすごくクレバーな立ち回りです。

打越　ケンカして負けるとゼロになっちゃうんでね。でもケンカせずに、なるべく引き分けに、負けに近い引き分けとかにすると、一〇の掛け金のうち二や三は残るわけですよ。生活は明日も続くわけで、そっちの方がいいから、そっちに落とし込むんです。

岸　女の子でも、ものすごくかわいい子が面接に来るけど雇わないですよね。

打越　容姿がとびぬけた女の子が店を移るって事は、何か怪しいなと、どの店にいたのかを聞いて、そこのオーナーに確認する。実はその女の子はちょっと酒癖が悪くて、客に絡むから気を付けた方がいい、みたいな話が出てくる。それでキャバクラでは雇用せずに、同時展開していたセクキャバに配置転換して、酒抜きでやってもらうみたいなことをやっていました。

岸　その辺の嗅覚ですよね。瞬発力。一瞬で怪しいなと雲行きを観察する。全体を見通して、質的な判断をその場その場でしていく実践感覚のありかたがものすごくよくあらわれています。

打越　確かに彼個人がすごいところもありますけど、それは地元で若い時に揉まれながら身に付けた感覚なんですよね。

岸　上手いこと丸める、立ち回る。リスクを、ゼロにしないまでも、最小限にする。目立たない。一人勝ちをしないとかね。

打越　そうですね。ぼろ儲けをすると、同業者にいつ密告されて潰されるのか分からない。風俗店の営業なら、ぼろ儲けして、さっとにげるのが得策だと思いますよね。でも沖縄でしっかり稼ぐには、目立たないやり方がベストなんだと彼は言っている。内地なら、ヤクザと手を組むとか、そういう方法を取れるかもしれない。沖縄の場合は、ゲームそのものがいつリセットされるのか分からない状況で生き続ける戦い方ですよね。やっぱ独特だなって。この彼の戦い方から、彼の戦っている舞台の特徴がみえてきます。彼の戦い方は明らかに内地の都会の風俗経営者とは異なります。主導権を取りにいくのではなく、主導権を握られた状態で負けずに、そして勝たない戦いを展開している。この彼の戦い方に、沖縄の歴史と構造が刻まれているように思います。

岸　加減を見るのがすごいリアルですよね。しかしよくこんな調査ができたね。彼は今、その風俗の経営はしていない？

打越　はい、抜けましたね。彼はこういう感覚をしっかり身に付けたから、どんなことがあっても対応できる。ただ俺が対応できるのは一店舗だけだと。というのも、彼もいろいろと店を広げていったんですが、店長を他の人に任せたら、結局揉めちゃうんですね。

岸　他の人に店長させると、売上を抜かれたりいろんなことがある。だから店長を雇うにしても、地元のつながりで雇うんですよね。

打越　逃げない人を。彼曰く、ちょっと気の弱い後輩をその気にさせて店長にする。

岸　打越さんは本当にそういうディテールを拾ってくるのが上手ですよね。

暴走族が一〇年間で激減

岸　暴走族の構造の変化が書かれているのも面白かった。暴走族がたしかにこの一〇年くらいで激減してるんです。ちょうどこの本に出てくる若者たちが現役だったのは一〇年前。当時の打越さんの調査の様子を、アメリカのドキュメンタリー作家が取材してますよね。

打越　アメリカの物好きな放送作家から、ダイレクトメールが来て、取材させてくれ！と。

岸　当時の暴走族の様子と、流暢な英語(笑)で答える打越さんが残っています。動画、見てみましょうか。

"'The Speed Tribe Chronicles' Ep. 3: Okinawa Bosozoku Hunters" (www.youtube.com/embed/jKyvII0BgFw)

岸　なんかこのTシャツ見ると、あー、打越さんやなーって思うわ(笑)。これよく着てるよね。

打越　覚えてもらうために同じ服着てました。当時はギャラリーが一〇〇人近くいました。ここ一〇年で暴走族もギャラリーも減ってしまって。対照的にこの頃は、インバウンドで建設の仕事が増えて暴走しているどころじゃないっていうのと、当時のギャラリーのほとんどが、キセツ(季節労働)帰りでまだ失業保険がもらえていたんですよ。

岸　暇だった。

打越　そう。働いたら失業保険が貰えなくなるので。見物するギャラリーが沢山いた。今は見る方も減っちゃったんです。仕事があって、キセツ帰りの失業保険ももう無いので。

岸　ただ本当に、暴走族自体が一〇年で激減したよね。これは警察庁の統計でも明らかです。数が減って、残ってる人たちも高齢化してる。

打越　今はですね、ギャラリーが警察と一緒にスマホで撮ってる。当時だったら厳しい取り締まりには「警察やりすぎだろう」って言う人もね、やっぱり多かったと思うんですが、いまその様子がYouTubeにあげられても、コメント欄は「警察よくやった」なので。

岸　雰囲気も変わったと。権威に抵抗するよりマナーの方を守る。それはなんか、ヘイトスピーチに対するカウンターへの反感とか、いろんなところに感じますけど。マナーが悪い方が悪いって。

しかし、本当にここ一〇年で変わったなあ……。暴走族が減った。内地でもそうです。この前、大阪で久しぶりに暴走族みたいなやつがおって、よくみたら、ぼくくらいの年齢の、けっこうおっさんがやってたりする(笑)。

ストレートな地元愛を聞くことはほとんどない

岸　そろそろ、会場からの質問に答えていきたいと思います。

Q　沖縄のヤンキーたちに特有の地元愛を書くことは可能なのでしょうか？

岸　地元愛を書くのは難しいですかね？

打越　ときどきキセツ(労働)で、内地に行く方はいるんですよ。それでやっぱ沖縄が好きと言って、帰ってきますね。「やっぱ、沖縄がいいやっさー」って。でもその彼にとってその沖縄は殴られるとこなんですけど。

岸　その時の、「沖縄」ってなにを指しているんだろうね。地元なのか。家族のこともあるしね。あるいは空気みたいなものなのかもしれない。那覇空港で飛行機から降りるとほっとするってよく言いますけどね。なんか空気みたいなものなのかもしれない。具体的な地元関係を指しているのかどうか。「沖縄が好き」っていう人、たしかに沖縄に多いですけど、よくよく聞いてみると、家族だったり、地元つながりだったり、あるいは単に気候とか空気みたいなものだったり。人によってバラバラです。

打越　具体的な関係は指してないと思います。そこはもう、いざこざばっかりですから。ただ内地でも沖縄でもいろいろあるけど、それでも沖縄で経験した生活への微かな愛着でしょうか。もちろん、沖縄の女性からしたらそんな愛着などなくて、いわゆる故郷を懐かしむ感覚などないって方も多いと思いますが。

岸　調査をしてきて、地元愛、ストレートな地元愛を聞くことってほとんどなかったわけですよね。

打越　ないですね。

岸　過酷な方が強いと。ぼくらの共著『地元を生きる』(岸政彦・打越正行・上原健太郎・上間陽子、ナカニシヤ出版)の共同研究者である上原健太郎さんは、僕たちの定義でいう「中間層」の参与観察をしています。中間層とは、高卒だったり専門学校を出て、飲食業とかをやっている、一番沖縄らしいところです。そこの話を聞くと、地元愛が半端ない。強いんですよね。友達同士で経営してる居酒屋のスローガンが「沖縄を盛り上げる」だったり。ビーチパーティも巨大で、大規模。

打越　この上原さんが取材しているビーチパーティというのは、イケイケの若者たちが男女半々くらいで参加してる、楽しそうなビーチパーティなんですよ。一方、建築会社もビーチパーティがあってですね、私は前日から準備をさせてもらうんですけど、延べ時間が三〇時間。後輩は朝から準備して、始まるのは夕方で、次の日の昼までダラダラ飲む。

岸　しかも人もそんなに来なかったって。

打越　そう。人もそんなに来ない。いや、だけど、よく話を聞かせてもらいました。私がだいぶ下働きをして、全部送迎までするんですよ。

岸　すごいな。

打越　私は泡盛もつくって、全部調理して、打越よく働くなーって褒められます。先輩の子どもの面倒をみたり、全部やらされて。上原さんの話を聞くと、楽しそうでいいなそのビーチパーティって思います(笑)。

岸　だから上原健太郎が見たビーチパーティっていうのは、沖縄のいかにも今風の若者が集まる、でっかいスピーカーでレゲエとかバンバン流して……HYとかORANGE RANGEとかが好きそうな若者らですよね。J-POPのど真ん中の人ら。やっぱり歌詞にも、地元とか家族とか愛を歌っているのが多いですし。

打越　だから同じ沖縄のビーチパーティからもわかるように、地元愛も階層によってだいぶ違うもんなんですよね。

Q　『ヤンキーと地元』に登場するような人らと割と近いとこにいましたが、なんか苦手で結局そこから離れました。

岸　地元を離れる人も多いですよね。ぼくがやってきた聞き取りは、高学歴で安定した仕事をしている安定層の聞き取りが多かったんですけど、やっぱり地元から離れていく人がほとんどなんですよね。例えば、琉球大学とかに入って、安定した公務員になっていくと、地元を離れて、那覇の新都心とかでマンションを買う。はっきり地元が嫌いっていう感覚を持ってなくても、生活実態としては自然にどんどん離れていくんです。しがらみの中で暮らさなくても良くなるので。ジェンダーによっても、階層によってもその在り方は違うと思います。

打越　それぞれの人生ですから、小さい頃はつるんでいても、その後、離れていくってことはあると思います。私もそうです。ただ離れてしまった人たちの人生がどこかにあって、それは一つひとつ理解可能な行為の選択を繰り返しながらお互いに離れてしまったので、それを相互に理解できるようなものを書きたいです。分断の理由や背景を書くことで、分断とは異なる社会に近づけるように考えています。

敬意を持つ相手は、妻や彼女を殴る男でもある

Q　なぜここまでしっかりと、対象者と信頼関係が築けたのでしょうか？

打越　彼らへの敬意でしょうか。贔屓目なしに、彼らの一つひとつの具体的な技術や実践感覚が卓越してるのと、あと長い付き合いなんで人として魅力を感じます。

岸　いいですね。敬意。

打越　めちゃくちゃなことをしちゃう人もいますけど、そういうのも含めて尊敬してます。この前、この本に出てくる、男の子から「いま、彼女と別れそうで、俺このままいったら彼女の家に乗り込んで、暴力ふるいそうな勢いだ」って相談の電話がきた。私はですね、ちょっと落ち着けと。でも最終的になにを話したかっていうと、お前が警察に行っても、俺は毎日面会に行くし、帰ってきてもまた飲みに行くからな、でもやらんでほしいよ、とは言った。

でも、このまま電話を切っちゃうと、警察に行くことを前提で話しちゃったことになる。この展開はヤバいんで、一緒に調査をしている上間陽子さんに電話して「彼が、ちょっとヤバいんで、なんとかならんですか?」って相談しました。そしたら上間さんがその後、二時間くらい話してくれたみたいで。

岸　はー。

打越　結局、彼は殴りに行かなかった。上間さんは、「このまま殴りに行っちゃうと、あなたにも子どもがいるよね。名前が新聞に出ちゃうよね。また子どもが悲しむよね。これまでの期間、殴らんかったよね」みたいな感じで話した。今まで積み重ねてきた時間とか、彼を大事に見てる人たちの話を、ひとりひとり、丁寧にお話ししてくれたようです。さすがです。

岸　上間さんも打越さんも、フィールドワークで出会う人たちと、すごい信頼関係を作っている。それには根底に、相手への尊敬がある。

打越　そうですかね。私の場合は彼の行為を尊重しすぎて、暴力という行為を否定できずに理解しようとしてしまうんです。上間さんと私のスタンスはだいぶ違います。

岸　これには難しい面もあるんだよね。相手を尊重して、親身になって、中に入り込んで、パシリとしてやってきたわけでしょう。でもその男の子たちは、自分の妻や彼女を殴る男でもあるわけよね。その暴力の部分は肯定できないよね。

打越　うん。できない。私も当初甘く見過ぎていたところもあって。男同士が勝手に殴り合う分には……って最初は思っていたんです。でも実際はそうはならない。結局、男たちの暴力って、女、子どもやその生活を壊す方に向かう。暴力がどこに向かうのかは、絶対に外しちゃいけない。

岸　話を少しもどすと、調査対象者と、すごく信頼関係は保ってるんやけど、そこで愛情というか、尊敬の念とも、一言では言えないぐらいの複雑な関係が、その人たちの間にもある。尊敬しているけれども、手放しで彼らを美化しているわけでもないし。

打越　うん、はい。そうです。「俺は暴力はやってほしくない」としか言えないんです。

調査の初日にパクられる

Q　ヤンキーのパシリになることに、抵抗はありませんでしたか？

打越　中学からパシリでしたんで、抵抗もなく。中学が広島の荒れている学校で、先生に助けを求めるんじゃなくて、ヤンキーの同級生たちの従属下に入るのが生き抜く方法でした。

岸　広島の暴走族の調査をしている時に、パクられたんだよね。

打越　そうですよ。ほんま初日です。調査していたら、中学生がバイクを移動していて、「お兄さん、お願い運んで」って言うんで、いいね、俺が運ぶよって。バイクのカギさした瞬間に、私服警官に「お兄さん、このバイク誰の？」って。「友達のですよ」「どの友達？　詳しく署で聞かせてくれる？」ヤバいぞ、って思ったら、彼らはサーっと散りやがった。

岸　（笑）。

打越　警察署に連れていかれたら、一時間か、二時間くらい放置されたんですよ。放置プレイですよ。わざと放置して。さっきまでのおっちゃんじゃなく、でっかい柔道経験者みたいな体格のやつがいきなり来て、机をバン！って叩いて、「お前なにやったのか分かってんのか！」って怒鳴り散らすんですよ。「俺はちゃんと話すよ。ただこういうやり方はないだろう」と伝え、テープレコーダーを回したんですよ。そうしたらその柔道上がりが、じゃあ、今日あったこと最初から話してくれる？って。

岸　優しくなった(笑)。

打越　はい。本当にびっくりするようなことが初日にあって。やっぱ調査は面白いわって思いましたね。

岸　そこで友達の、調査対象の名前を出さなかった？

打越　そうですね。ほんとに知らなかったので。ただ翌週から、広島市の暴走族界隈では噂になって、調査がスムーズに進行しました。

岸　そこでチクらなかったから信頼された。素晴らしいなぁ。

いつまでたっても自分はよそもの

Q　フィールドワーカーとして調査地の社会に溶け込むってどういう意味でしょう？

岸　難しい質問です。

打越　溶け込めてないんじゃないですかね。ぜんぜん空気になれてないんです。空気になれるとも思っていないですし。真面目にやっているんですけど、本当にやらかすんですよ。

例えば、建築現場で、後輩たちがこき使われて暑い中働いている。ちょっとでも現場の雰囲気をよくしようと、私は「あと三〇分たったらメシですよ」と士気をあげるような発言をするわけですね。そしたら「おい、打越。時計見ずに、ちゃんと真面目に働け」って怒られて。なんかやらかして怒られて、あとから教わる、気付くっていうパターンです。この時も、しんどい現場では、みんなあえて時間を忘れて働くようにしているのに、そこであと三〇分なんて言うと、まだ三〇分かって士気が下がるんですよ。なにが言いたいのかと言えば、ぜんぜん溶け込めてなくて。それを定期的にみんなの前でバカにされて、笑われて、教わるんです。だって部外者ですから。

岸　溶け込むってどういう意味ですか？　って質問にぜんぜん答えてない(笑)。

打越　その社会の一員になることでしょうか。そこを目指しますが、実際は溶け込めてないですし、そっちの方が調べるためには有効だと思います。

岸　なんか、ぼくらってね、調査をしていると、溶け込んでいる自慢をしちゃうときがあるんですよね。どこか遠いところの、普通のひとが行けないようなディープなところに行って、地元のひとこれくらい家族ぐるみで仲良くなったんだぜ、みたいな自慢を言いがちで。実際に仲良くなるし、入ったもんが偉いっていうのもある。ついつい言いがちなんです。でも打越さんは、いつまでたっても自分はよそもので、溶け込み切ってないという感覚をずっと持っている人だと思います。

打越　数年前も移動中の現場号で、ディーゼル車なのにガソリン給油してしまいました（笑）。いつも空回りして、呆れられています。

関わり続けたら完全に中立的ではいられない

Q　調査することによって、相手の生活や暮らし、人生に介入してしまうことがあるんじゃないか。あるいは貧困や暴力の問題になると、介入せざるを得ない時があるんじゃないか？　自分が質問することによって、相手の考え方や解釈に何らかの影響を与えてしまうんじゃないか？

岸　介入や相手に影響を与えてしまうかもしれないことについてはどうですか？

打越　積極的にはしないようにしてるんですが、でも実際は結果としてかなり介入しちゃってます。

岸　さっきの話でも、電話がかかってきて、打越正行と上間陽子がふたりで止めた。止めてしまった。介入ですよね。

打越　そこまでやることが、どうなのかは迷ってます。はい。

岸　上間さんにも聞きたいですよね。上間陽子の『裸足で逃げる』(太田出版)では、貧困や暴力といった非常に厳しい条件のもとで生きている若い女性が出てきます。その本を読むと、ある女の子が交通事故を起こしたときに、警察に一緒に付いていく。妊娠の検診や、中絶手術をする時も付き添いで付いていくことをしている。それってものすごく介入していますよね。サポートをしている。相手の人生に非常に大きな影響を及ぼしているわけですよね。

打越　上間さんはそういうことを積極的にされてますけど、それでも「自分は調査屋だ」って言ってますよね。

岸　言ってます。

打越　具体的に介入をしながら、例えば女の子たちの中絶の場に立ち会うわけですよ。そのあとに、上間さんは彼女が話したり、他の女の子とどんな話をしたのかを、聞いているんですよね。だからやっぱ調査もしている。調査もしながら、介入しながら。

岸　ぼくの場合、生活史を聞きますよね。今は、特に沖縄戦について高齢者の方に聞いていて。お会いしてその場で二時間くらい聞いたあとは、もうお手紙のやり取りぐらいなんですよね。だからそんなに大きな介入はしていない。

でもやっぱりよく聞かれるんですよ。「どうやって、本当の人生を聞きだしているんだろう」「自分がどう質問するのかで、相手の話を大きく左右してしまうんじゃないか」ってことを、よく言われます。

それに対する教科書的な答えとしては、「本当の人生の物語」みたいなものがあるとぼくは思っていなくて、たまたまお会いした人に二時間だけ、たまたまその場でお話を聞いただけ。その話からでも、ものすごく大きなものを学ぶことができるので、ぼくとしては、それでもう十分。

質問によって、話をつくっているんじゃないかって、そうやねんけど……。なんて言うのかな、恣意的に左右しているわけでもない。その人の人生をこっちが構築しているのでもない。聞いた話は、実際にあった話なんですよね。

だから、介入することと、良い調査をするということは、基本的には別のことだと思ってます。でも上間さんや打越さんがすごくはっきりした介入をするのは、それが参与観察だからです。やっぱり一〇年、二〇年関わって調査することは、介入するってことなんですよね。完全に中立的な立場でずっといることはできないわけ。

そこで打越さんも、すごく難しい立場になっていて。『ヤンキーと地元』は男たちの物語で、彼らにすごく共感的に書いているわけだけど、その男たちは女性を殴る男でもある。それは、実はこの本の最大の限界というか。「暴力は許されないよね」と書いていますが、書ききっていないとも思う。すごく難しい立場にあると思うんです。

介入全くなしに、中立の立場で横でずっと立っているってね、ロボットじゃないんで、そんな気持ち悪いことはしていられないわけです。でも調査ってそういうもんだって、割り切ったり、開き直ったりしてもダメやし……。

打越　はい、はい、はい。恣意的な線引きなんですが、女性を犯すとかは描けないし理解できないと思いますが、後輩をぶん殴るってとこまでは共感も賛同もできないけど理解はできないかと思ってやっています。

岸　僕の場合も、調査対象者の人生に直接介入することはほとんどないですが、それでも調査対象者と友だちになったりもするし、あるいは沖縄県内のメディアや社会運動に関わったりはしている。マクロに見ればぜんぜん中立で透明な存在じゃないです。調査していけばコミットメントが生じるのも当たり前だし、そもそも問題意識があって研究を始めてるわけですから。

本は燃えてもフィールドノートは燃えなかった

Q　途中でもうやめたいと思ったり、挫折しそうになったりしたことはないですか？

打越　調査がイヤでやめようと思ったことはないですね。ただ、生活や家庭が原因で苦しかった時期はあります。生活も不安定で、家庭の事情も不安定で。調査もなかなかできず、沖縄では中学校で教師として働いていた時もありました。なにもできない中で、ある日、パートナーに本を焼かれて……。

岸　夫婦喧嘩をしてちょっと家から出て、ファミレスで仕事して、何時間かして帰ったら、自分の家から黒い煙が上がってたんだっけ。

打越　はい、煙の臭いがサンマじゃないなって。紙の焼けた臭いって分かります？　料理の臭いじゃないんですね。家に近づくにつれ、あれ、近いぞ、近いぞ、家じゃんって。

岸　蔵書二〇〇〇冊が積まれて、灯油をかけられて全部燃やされていた。

打越　燃えているのを見て、めっちゃ息子が大喜びしてました。でも一〇年前から話を聞かせてもらった方たちのフィールドノートは燃えなかったんですよ。

岸　それは燃やされなかった。

打越　燃えなかったんです。

岸　よかったですね。

打越　他の本は見事に燃えてしまったんですけど、フィールドノートは燃えなかったんで、「よし、まだいける」と思いました。

Q　調査の記録はどの程度取っていたのでしょうか？

打越　調査の初期段階だと、録音もメモもできていなくて。会ったあとの次の日かその日のうちにマックに行って、彼が話したことをメモして。メモしたものを、回顧形式に起こしているような形にしていました。

岸　記憶から再構成したってことですよね。

打越　初期段階はそうでした。録音できるようになったのは、四、五年たってからです。そうは言っても、二人の間に録音機を置いてインタビューみたいなものは、そんなにたくさんはできなくて。じゃあ、なんで会話を起こせているのかというと、あまりにも私がしつこいので、もう会ったら「最初からテープ回しとけ」と言われるようになって。

岸　すごい信頼関係(笑)。

打越　ずっと過ごしていると、語り出してくれるタイミングがあるんですよ。その時に、「いまなんか、いい感じなんで、ちょっと録音させてもらいますよ」とか言ったら、「俺、いま乗ってるのに、いちいち止めるなやー」と。

岸　あー、リアルやな。

打越　でもなんの許可も取らずに録音できないので、と言って。じゃあ、いいから、次から俺の時に最初からそうしておけみたいな感じで。建設業の男性たちはそういうケースが多いです。でもそういう形で録音できるようになったのは四、五年たってから。いろんな調査の方法でやっています。

沈黙に耐えきれずカラオケで曲を入れてしまう

岸　基本的にフィールドノートは毎日書いてたんですか?

打越　そうですね。その日のうちに。いったん眠っちゃうと記憶がなくなっちゃうんで。

岸　建築現場の時も記憶で?

打越　そうですね。でも仕事をした日は爆睡しちゃうんで。もう一週間後に書くこともありました。もっと気になることもたくさんあったはずですけど、記録できてないことはたくさんあると思います。

岸　私もですが、打越さんも大雑把な人なので(笑)、たぶん忘れていることもたくさんあるよね。いろんな方法でやるよね。写真とかも撮ってるよね。

打越　そうですね。建築現場の休憩の写真とか。

岸　写真やDVDが調査のためのツールになっているよね。暴走族の若い子らのバイクを撮ってDVDにしてあげたら喜んだと。

打越　文章書いてもあまり喜ばれないんで。写真や動画を撮って、DVDつくって持ってこいと。それで一生懸命つくってもっていったら、ぜんぜん面白くないって返されました。離れて全体像をとるんで、面白くないんですよ。後部座席に乗った後輩が、ウィリーしたりするのを撮っている動画のと比べるとぜんぜん迫力なくて。私も後部座席に乗せてもらったことがあるんですけど、キャーキャー言っちゃって。すぐに恥ずかしいから降りれって。二度と乗せてもらえなくなりましたね。

岸　想像できるわ(笑)。女の子の話を聞く場合は、録音しているんですか？

打越　そうですね。その時は上間さんが入ります。上間さんは本当に言葉を丁寧に聞き、言葉に力のある研究者ですから。

岸　よく上間さんから、打越さんがいかにインタビューが下手かって話を聞いてます。上間さんと女の子と、打越さんと、カラオケボックスで三人でインタビューをしてて、沈黙が訪れた時に、耐えきれずに曲を入れちゃったって話があって。上間さんから退場処分くらった。

打越　「一時間後にまた来て」って。

岸　一時間暇つぶしして帰ってきた(笑)。

打越　その女の子紹介したの俺なのにな(笑)。それはいいんすけど。はい。ちょっともうインタビューは苦手ですね。

岸　曲入れちゃったって。時々電車で思い出して笑ってしまう。

打越　けどね、事情もあるんです。しんどい話が長く続くと、ヤバいと私は思っているんですよ。それはそれですごく大事なんだけど、まぁちょっと、一回ここで切ろうかって。

岸　深刻な話をして、語り手も耐えられないっていう。

打越　はい。半分怒られて、半分上間さんも理解してくれているところはあると思います。

「別世界のビックリ話」で終わらせないためにどう書くか

岸　最後に聞きたいんですが、打越さんは調査を通じて何を書こうとしているんでしょうか。

打越　暴力を丁寧に書くことに、こだわっています。例えば、虐待家庭に生まれて成長し、自分が親になったら今度は子どもに暴力をふるうようになりました、みたいな話は書き方が粗いんですよ。確かに、暴力を繰り返してしまうかもしれないけれど、その子どもなりの暴力の意味があると思うんです。

昭和が好きなおじさんがよく「昔は暴力が当たり前」とか言うじゃないですか。暴力が日常に溢れている世界では、暴力の程度が分かるから、ちゃんと使い分けてるんだよ、と。暴力をコントロールできると思っている。甘く見過ぎだと思います。暴力って、やっちゃうと、本当にどうしようもなくコントロールできない。周りもあたふたするしかできない。

でも単純に親に殴られたから、自分も殴るんだという行為者をバカにした説明の仕方もまずい。彼らがどういう状況で殴り、どういう社会関係を生きていて、そこに沖縄はいかにかんでいるのか。暴力が発生した文脈をちゃんと押さえた上で、暴力を書くことを模索しています。

岸　精度が粗いことを書くと、暴力をまったく理解できなかったり、あるいは振り子が逆に振れて、美化したり、ロマンティックな話になってしまう。以前、SYNODOSのインタビューでとてもいいこと言ってましたよね。

他者の行為の説明の精度と質が悪いと、別世界のビックリ話で終わってしまいます。「へー、こんなひどい世界があるんだ、かかわらないでおこう」と。それに対して、精度と質が高いと、そこに大きな歴史とか社会構造とかが必ず入り込みます。そして、一般の人びとに「もし私がその歴史と社会構造に存在したら…」という想像力が生まれます。

（打越正行「なぜ沖縄の若者たちは、地元と暴力から抜け出せないのか？」SYNODOS、二〇一七年三月二一日）

「別世界のビックリ話」というフレーズが面白くて。打越さんの本も、上間陽子さんの本もそうだけど、一歩間違えると、「えぐい話」として、暴露本のようなノリで、サブカル的に消費される。わぁ、こんなヤバい連中がいるんだって、面白おかしく。ひょっとして、そういう読まれ方をされるんちゃうかな、っていう話はずっとしていましたよね。

打越　はい。暴力をどう書くのかについては、慎重にやってきました。ロマンティックに書かずに、彼らの生活の具体的な状況、編み込まれている沖縄や建築業の文脈を外さずに書く。

岸　だから、理解ってなんなんだろうなって思いますね。理解するってことは、どういうことやろう。終わりのない問いですけどね。打越さんも、ぼく自身も書ききったとは全然言えない。まだまだこれからやらなあかんことが、沢山あるんですよ。

ぼくね、すごく印象に残っていることがあって。三〇歳くらいで大学の非常勤講師をやっていたときに、当時は貧困の問題が話題になっていて、どこかの大学でフリーターの話を取り上げたことがある。「フリーター」って言葉は、最初ポジティブに使われていたんだけど、そのあと結構たって、貧困の象徴のようになってきて、非正規雇用やフリーターはしんどい状況になっているんだよと。これからは社会保障の対象にもなってくるだろうしって。

そうすると学生のコメントに「フリーターがいかに良くないか分かりました。僕はフリーターには絶対にならないでおこうと思いました」と書いてあって。一〇〇人に一人くらいですけどね。その学生にフリーターへのネガティブなイメージを植え付けただけなんじゃないかと反省して。どうやって伝えたらいいのかは、未だにすごく悩むところでもあるんですよ。

藤井誠二さんも『沖縄アンダーグラウンド』（講談社）を書く中で苦労をしてきたと言っていました。沖縄の風俗について、面白おかしく読まれかねないと。

でも最近ほんとに、沖縄に関して書くもの、書かれるものが変わってきていますよね。上間陽子の『裸足で逃げる』が出て、藤井誠二の『沖縄アンダーグラウンド』が出て、打越正行の『ヤンキーと地元』が出て。

沖縄の中の階層格差や暴力、貧困の問題を真正面から扱い、しかも面白おかしく書かない。一〇年も二〇年もひとつのところでフィールドワークをする。そういう腰の据わった社会学者や教育学者が沖縄に関しては出てきたなと思います。沖縄の語り方を変えたし、変えていくんだろうなと思います。

暴力の問題を自分の問題として書く

岸　ただ、難しいんだよね。やっぱり、消費されちゃうんだよね。今日は打越さんと、理論の話を中心に話したんだけど、やっぱりこの中に出てくる細かいエピソードって、すごい面白いし、興味深い。普遍性があるじゃないですか。知っている感じがする、会ったことある感じがするんですよ。この中に出てくる子のこと。
打越　面白いって感じは二つあると思っていて、まずは、こんなエグい世界があるんだって、読めば読むほど距離が広がっていくようなもので、もう一つは、読んだ後に彼らと読者の距離を、ちょっとでも縮めることができてるものです。後者になるようなもの、あ、私もそこでそういう状況だったら、そうしちゃうかもね、みたいなことが書きたいなって。

岸　距離を縮めると。美化する書き方も、それはそれで距離を生みますもんね。

打越　そうです。だからヒーローとしても書かない。

岸　距離が縮まるってなんなんだろうね。自分がこの状況にあったら、こうしたかもしれないと。でも暴力はダメだよね。

打越　うーん。

岸　そこなんだよね。

打越　そうです。

岸　ずいぶん前の話ですけど、ある東京の大学が、沖縄に実習に行って、ひめゆりの戦争体験者から日本兵がどんな残酷なことをしたのか話を聞いたと。そうしたらレポートで「僕も当時の日本兵だったら同じことをしたかもしれない」と書いちゃった学生がいたわけです。日本軍ってやっぱり、過酷な組織で、部隊もバラバラになって、逃げていく中、食料もないしと。当時すごく問題になって、もう一度みんな沖縄に連れていって、学習会をしたと聞きました。

理解するってね、どこかで情状酌量してしまうんですよ。そういう状況にあったら、こういうことをしたかもしれない、それを分かってもらうために書くんだけど……。でも、同じ状況だったら俺も彼女を殴ったかもしれないってところまで持って行くのか。持って行かないとすると、それは理解が足りないってことにならないのか。どう距離を縮めていけばいいのか。

打越　う一ん、難しいですね。『ヤンキーと地元』では暴力については書きました。彼らの暴力を免責することは、責任のありかをうやむやにすることではありません。むしろそれを本土社会に対して、つまり私の問題として書かなければならないと考えています。

岸　彼らは過酷な状況にいるけれど、暴力をふるう男であるんだと最初から書いていますよね。絶対に許してはいけないと。ここは最大の問題ですよね。加害者をどう理解するのか。ぼくはここ二年くらいずっといろんな対談やトークイベントでこの話を繰り返し、飽きずにしています。他者理解が中立の立場でどこまでいけるか。なかなかこれが、伝わらないよね。調査やっている人間にしか分からないのかもしれない。難しいですね。

打越　難しいです。

調査対象でもフィールドワークでもなく、人生である

岸　これからはどうですか。同じ人たちとずっと？

打越　あ、そうですね。

岸　面白いのは、調査をした若者たちが、一〇年たつとバラけてきて、みんな内地に行ったり、音沙汰がなくなったりする。で、連絡が取れなくなっている人のことを「あいつ、今なにしてんだ」って打越さんに聞くんですって。いつのまにか打越さんが地元つながりの結節点になってる(笑)。

打越　そう。「あいつなにしてるんだ」ってこともあれば、時々電話がかかってきて「いま、内地で働いているけど、地元のヤツらには言うなよ」とか。

岸　それも実践感覚として面白くて。「あいつなにしてんだ」って時に、打越さんは不用意に言わないよね。ぺらぺら喋らない。でも知りませんって言うわけにもいかないから、最低限のことだけ言って、詳しくは言わない配慮。すごい感覚ですよね。

打越　いや、私に言うことなんて、地元のメンバーにはいずれ知れ渡りますんで。だけど、今の段階では言えない時もあって、「なんか、内地行ったって噂ありますねー」みたいにぼかします。だから、さっきの「言うなよ」も、ほんとに言うなではなくて、いつまでどこまでの言うなよなのかは、こちらに委ねられてるんですよ。

岸　その辺の感覚はすごいよね。調査屋として本当に嫉妬するよ。同じ人らでこれからも調査を続ける？

打越　はい。彼らをまずは追いかけていくのが、研究調査の柱になると思っています。

岸　だからもう、調査対象とかフィールドワークではなく、人生なんですよね。

打越　いや、本当にもう。

岸　ライフワークというか。『ヤンキーと地元』が本当に美しいなと思うのは、一〇年かけて聞いていることです。ここに出てくる若者の一〇年間をずっと見ている。でもその一〇年って、同じ一〇年が打越さんにも流れているわけ。相手の一〇年を聞くために、自分の一〇年を使っているんですよ。すごいな、フィールドワークをガチでやってる人っていうのは。暴走族のガレージでずっとカモにされて、自分の人生を一〇年費やした。すごいなと思いますね。これからもだから、人生が続く限り、その人らとの関係は続く。

打越　最初のころはずっと、ナイチャーがこういうのを調べて、ちょっと本に書いて、すぐトンズラするんだろ、みたいな認識で見られてましたんで。私、そんなわけねぇじゃんって思いながら、ずっと一〇年どころか、もうずっと。彼らにも二、三発殴られても追いかけますよ、って言ってます。

岸　じゃあ、この本の第二弾、第三弾……物語が続くかも。

打越　続きます。はい、追いかけます。

＊二〇一九年五月三日にLOFT PLUS ONE WESTで行われた『ヤンキーと地元』刊行記念対談「地元とはなにか――沖縄のヤンキーと過ごした一〇年間」（打越正行×岸政彦）より構成

第2回

齋藤直子×岸 政彦

生活そのものを聞き取り続けて見えてくること

今回お話しするのは、大阪教育大学の齋藤直子さんです（対談当時の所属は大阪市立大学）。被差別部落出身者との恋愛や結婚に反対する「結婚差別」について、二〇年にわたり聞き取り調査を行い分析した著書『結婚差別の社会学』（勁草書房）は大きな反響を呼びました。齋藤さんに、研究の出発点、調査者としての方法論や立ち位置、戸惑いなど、齋藤さんの「調査する人生」を聞きます。

この対談はコロナ禍の二〇二〇年におこなわれました。当時私が所属していた立命館大学大学院先端研の院生さん向けに、配信授業の資料として作成した動画がもとになっています。

社会学との出会い

岸　えー、自分の家でこういうのやるとすごい変な感じ。いろんな方と対談をしたいなと思っていたんですけど、二〇二〇年五月現在、密になってはいけない、人に会えないということで、いま唯一会える社会学者、たまたま同居している齋藤直子先生にお越しいただきました。

齋藤　お招きありがとうございます。

岸　というかここ、キミの家やろ、という話ですけど。

齋藤　さっき掃除しました。

岸　しました。

改まってこういう話をすることもないので、部落問題や調査の方法論についていろいろと聞いていきたいと思います。

まずは齋藤直子先生の紹介から。被差別部落の生活史の聞き取りを長年やっておられまして、二〇一七年に、それまでの二〇年に渡る調査の集大成である『結婚差別の社会学』という本を出された社会学者です。

齋藤　はい。

岸　どういうきっかけで、この世界に入ったんですか。まずなぜ社会学を選んだんですか？　社会学部を受験したの？

齋藤　私は身体が弱かったので、推薦で大学に行こうと高校一年生の頃から決めてたんですよね。三年生になって、学校の推薦枠が文学部と工学部と社会学部から選べるみたいで、社会学ってなんかわからんし文学部かなと思ってたんだけど、友達から「文学部行きたいからちょっと譲って」と言われて。

岸　枠を譲ってくれと。

齋藤　そう。だから社会学を選んだんですよ。推薦で早めに決まったから、大学からの課題図書として、社会学の本を読むことになって。五冊から二冊選んだんですけど、めちゃくちゃ面白くて、「あ、私は学科選びに成功した」って思ったんです。

岸　なにを読んだの？

齋藤　小川博司の『音楽する社会』（勁草書房）と上野千鶴子の『〈私〉探しゲーム』（筑摩書房）。『音楽する社会』はバンドをずっとやってたので面白かったし。『〈私〉探しゲーム』の詳しい内容は覚えてないですが、他者とのかかわりの中で自分は出来上がっていくものだから、内面を探しても絶対見つからない、というのをメッセージとして受け取った。面白いなと。

岸　「あなたのパーソナリティはこうです」「こんなコミュニケーション上の問題があるから、こうするといいですよ」と言われたほうが面白がる人の方が多いですよね。そっちの方が役に立つ感じがするから。でも逆だったんですね。

齋藤　逆だった。たしかに、この人と喋っているときと、あの人と喋っているときの自分は違うなと思っていたので。他者とのかかわりから何かを見ていく社会学ってめちゃめちゃ面白いんじゃないかなと思ったんですね。

複数の「しんどさ」がつながったとき

岸　社会学には、自分の本質を「外に出して考える」部分がありますよね。本当の自分が自分の内側にいるわけではなく、コミュニケーションは相対的なもので、関係性ごとに異なる自分がいるんですよと。それが解放的だったのかな。

齋藤　そうそう。あと、小さいころからずっと差別の勉強をしたかったんですけど、進路の先生も、そういう勉強をどこでやっていいのか全然教えてくれなくて。たまたま選んだ社会学部で、差別の勉強ができた。私がやりたかったんは、これだ！　と。

岸　身分差別やジェンダー差別みたいなものにはずっと興味があった？

齋藤　そうですね。今(二〇二〇年五月)、地方ではコロナ感染者の身元が特定されるという話が出ていますよね。私も子どものころから田舎の社会にいたから、知っている話だなと思う。そういうのって、ずっとなんなんだろうと思ってきた。

　女がしんどいこともあるし、階級や、お金持ちかそうじゃないかでどうやら人は人を判断している。学校の授業で貧富の差については習うし、『ドラえもん』でもスネ夫の話が出てきたりした。でも地域社会では貧富だけじゃなくてジェンダーや身分、家柄などがメカニズムとして強く働いていて、そこがしんどいのに誰も教えてくれへん！　って感覚がすごく強かったんですよ。でも大学に入ったら、ジェンダー論も差別論もあって、やっぱりそうやったんや！　って。

岸　被差別部落の問題に接近していったのは、自分の子どものときから抱えてたモヤモヤと直接つながってるんですか?

齋藤　つながっている。私たちの地域では、部落問題の授業があったのですが、「ものすごく重要な社会問題なんやぞ」と言われるわりに、年に一回しか教えてもらえないし、もっと知りたいと思っても新聞やテレビではほとんど報道されていない。でも噂ではコソコソ言ってるし……。

私は小学校一年生から部落問題にめっちゃ関心があって、毎年授業を楽しみにしていた。毎年人権作文を書かされるんだけど、賞を取ったり。

岸　市で表彰されるような作文を書いた。

齋藤　そうそう。絶対におかしいと思ってました。そして、この問題が田舎のしんどさと絶対につながっているはずや、地域社会で女がしんどいのとも似ていると思ったんですよ。「世の中そんなもんやからしょうがない」んじゃなくて、ジェンダーと部落問題が、田舎がなぜしんどいのかを解明する糸口に絶対なると思って。

岸　部落問題が。

齋藤　部落問題が。子どもの頃からそう思ってました。

岸　(わたしたち)二人ともすごく世話になった個人的な師匠である青木秀男先生が、「部落問題には日本のすべてがある」と言っていた。地域社会やしがらみ、身分や家柄の話は、学校教育だけでなく、社会学者でもそこまで正面から大々的にしてこなかった。共同体の良いところについては描いてきたけど、地域社会のつながりは抑圧や排除とも結びついてもいるわけで、齋藤さんはその部分にすごく興味があったと。

齋藤　そうそう。

岸　齋藤さんが部落問題に関心を持ったきっかけとして、自分の実存的な問題があった。でも出身は三重県のそんな田舎ではないですよね。

齋藤　そんな田舎じゃない。

岸　どっちかというと、駅前の都会ですよね。そこでもそういうことがあったと。僕の地元でもありました。都市部の工業地帯なんですが、言われてみればそうだなと。あそこ部落だから行ったらあかんとか、そういう話は子どものころに聞いたことがあります。

生活史の第一人者たちから学ぶ

岸　被差別部落や日本の地域社会について考えようとなった時に、生活史という今のスタイルになったのはどの辺からだったのでしょうか？　人に直接会って、一対一で二、三時間聞きますよね。

齋藤　うん。

岸　考えてみると生活史は特殊な調査です。普通の人って、自分の一生の生い立ちとかをそんなに全部最初から最後まで人にしゃべる経験はない。聞き手にとっても、普通に生きていたら、人生の物語を最初から最後まで聞く経験がないまま生きていく。でも僕らはそれをするわけですよね。考えてみたら、聞き取りの場というのはとても特殊なセッティングです。

でもその時、聞いているのは人生そのものでは全然ないわけですよね。なんかすごい特殊な、変なことをしてるな、といつも思う。インタビュー中になんでこんなこと聞くの？と言われることもありますからね。脱線しても、関係ない話になってもひたすら聞いていく。そういうスタイルになったのはどこからですかね。

齋藤　聞き取りをはじめたのは、学部の卒論からです。

岸　学部の卒論からすでに聞き取りをしてた。

齋藤　聞き取りをしていた。学部のときは葬儀屋さんなどに聞き取りをしていました。自分の地元の地域のおばあちゃんたちに、お葬式ってどうやってやってたんですか？という聞き取りも。

岸　部落じゃなくてお葬式やったんですね。

齋藤　ケガレ意識みたいなものをテーマにしました。学部の指導教員は、部落問題の専門である石元清英先生だったんですが、部落問題をにわかでやるのは難しいから、おススメしないという方針だったんですよね。

岸　学部の卒論でインタビューは初めてですか？　まったくの他人に電話でアポ取っ

て？

齋藤　初めて。めちゃくちゃ緊張しました。知り合いのツテで、紹介してもらいました。

岸　インタビューについての指導は？

齋藤　あ、受けてない。当時は社会調査士の資格もなかった頃だし。

岸　とりあえず行って来いと。

齋藤　そう。学部でも、聞き取りで卒論を書く人はほとんどいませんでした。文献を読んでまとめるとか、たとえば紳士録みたいなのを見て、二世がどれだけいるか調べましたとか、そういうのが卒論だと思われてた。フィールドワークに行って卒論を書くのがゼミの中でもすごく少なかったんですよ。

実は先日、掃除しようとしてキャビネットの引き出しを開けたら、自分の学部と修士の時の調査メモが出てきて。

岸　自分だったら見たくないです(笑)。

齋藤　二〇年間そこに置きっぱなしになっていたみたい。学部の時ってテープレコーダーを使っていないんですよ。聞いたものをメモしている。素朴な驚きがいっぱい書いてあるんですが、今見ても、けっこうセンスがあるなと自分でも思うんですよ(笑)。

岸　なるほど、そうやと思います(笑)。

齋藤　それで、本格的に部落問題の調査をするようになったのは、学部と修士のあいだの浪人中です。もうなくなってしまったんですが、「反差別国際連帯解放研究所しが」という団体のプロジェクトに参加したんです。

社会学で部落問題の第一人者である野口道彦先生に、大学院に行きたいと相談しようと思って電話をかけたら、「今こういう調査やってるからこない？」と言われて、その調査の場で初めて野口先生にお会いしたんです。

岸　いきなり調査の場に呼ばれた、滋賀の。

齋藤　新しい調査メンバー来た！　って感じで、即戦力（笑）。

岸　おおざっぱですね、いきなり現場に（笑）。

齋藤　近江八幡と滋賀県の野洲町（今の野洲市）で調査をしてた桜井厚先生のチームで、そこで初めて生活史調査というのを勉強させてもらったんです。

岸　桜井さんは滋賀の被差別部落で長いこと調査されてましたよね。実はぼくも一年間だけ手伝ったことがある。

桜井さんがいて僕らがいるというか、社会学で生活史調査がこんなにメジャーになったのは桜井さんの影響がでかかった。聞き書きは文学に近いと言われていたんだけど、彼がたったひとりの生活史でも論文を書いていいんだ、ということを切り開いたんです。九〇年代といえば、桜井さんもまだそんなに著作が出ていなかった時期で、構築主義やフェミニズムやフーコーを取り入れて、これから理論をつくろうとしていた時期でしょう。

齋藤　最先端でやっていた調査にいきなり飛び込んだ感じになりましたね。生活史って、ここまで徹底して聞くんだなとすごく勉強になった。聞きたいことだけピンポイントで聞かずに、生まれから今までのことを本当に広く見るという聞き方なんですよ。意識を広く持って聞いていた。

あと実は同時に、在日コリアンの生活史調査の第一人者である谷富夫先生のところにももぐっていました。その時は、いわゆる「谷―桜井論争」のようなものがあるのもまったく知らずに、両方のところに勉強をさせてもらってるという立場だったんです。

岸　谷富夫さんは僕の形式上の指導教員なんですよね。谷と桜井が、実証主義対構築主義の立場で論争をしていた。まあそんなにガチの論争でもないですが。ちょこっと言及して批判するぐらいです。でもそういう方法論上の対立はたしかにありました。それぞれ立場は違いますが、当時の生活史調査を牽引していた二人です。齋藤さんは両方が身近にいて、研究者人生としてのスタートがそこだったのは非常にラッキーですよね。

齋藤　ラッキー。

岸　両方から勉強した人って、ほとんどいないんじゃないかな。

齋藤　谷先生は、大阪市の生野区で、在日コリアンがたくさん住んでいる地域の日本人に調査をしていた。ものすごく勉強になりました。マイノリティだけではなく、マジョリティの話も聞かないといけないという感覚は、谷先生から学んだのかなと思います。

岸　結婚差別はまさにマジョリティとマイノリティが交わるところですよね。どちらかが部落出身者で、どちらかが部落でない人であり、本人が忌避したり、家族の反対にあったりしていく。

谷さんは事実や社会構造に対する非常に誠実な態度がありますよね。愚直に実直に地べたを這う……。「地べた」いうと対象者の方に失礼かもしれないですが、とにかく路上の社会学を独自にやってた人。齋藤さんは両方の影響を受けているんですね。

部落問題の調査でなにを聞くのか

岸　そうやって、被差別部落の現場に入っていくと。修士論文から本格的に調査を始めたんですか。

齋藤　そうですね。当時は九七年で、六九年に施行された同和対策事業特別措置法が、延長や後継の法を経て、二〇〇二年に失効することが決まっていました。あと五年で同和対策が終わる、部落問題が終わりだと言われていた時代でした。

私は奈良で調査をしていました。水平社発祥の地である奈良だから、部落問題がすごく進んでいるイメージがあると思うんですけど、奈良に同和対策をやっていなかった地域があって。

岸　それが驚きなんですよね。九〇年代の終わり、もう二一世紀になるというときに、まだ同和対策をやってなかった地域があった。

齋藤　本で読むような、道が細くて軒が重なってて、傘をさして通れないような状態を実際に目で見たのがはじめてで。

岸　非常に劣悪な住宅環境だったわけですね。

齋藤　火事が起きたときに、自分たちのムラから隣の公共施設のほうへは扉が開かなくなってて、逆に公共施設のほうからムラの中へは逃げれるようになっていた。火事が起こった時に、ムラに完全に閉じ込められる状況がまだあったんです。そこで住環境整備をしようと立ち上がった女性たちに聞き取り調査をしました。

岸　齋藤さんの修士論文は、運動論とまちづくり論の交差するところにジェンダーの問題を入れた、わりと実践的な論文ですよね。でも実際にやってた調査は生活史の方法で、問題に関係ないことも聞いていましたよね。

齋藤　修論では、運動を立ち上げた女性三人を中心に書きましたが、そこで使ってはいないけれども、生活史の聞き取りはしていましたね。靴職人さんの靴づくりの話とか、進駐軍のハウスメイドをしてたおばあちゃんの話とか。あと北海道のキツネ牧場で働いてた人の話とか……。

岸　まさに「戦後史」って感じですね……。その方法に、違和感はなかったですか？こんなこと悠長に聞いている場合なのかなと？

例えばぼくは、高校の時に、市井の人びとの聞き書きの本をたくさん書いたスタッズ・ターケルという作家にはまっていたのもあって、社会学や生活史をやる前からもともと、聞き書きをしたいなと思っていました。でも齋藤さんは被差別部落という具体的な問題から入って、現場に行くわけですよね。

そうすると普通は、運動や街づくりに役に立つ研究をすることを考える人が多いと思います。でも運動や街づくりには直接関係ない生い立ちの話もたくさん聞いているわけです。そこには桜井厚と谷富夫の影響もあったとは思うんですが。

齋藤　そうした問題意識が芽生えるのはもうちょっと後なんですよ。結婚差別の話をたくさん聞くようになってから、差別問題に焦点を当てて聞くようになった。

生い立ちを肯定するための「自分史」運動

齋藤　実は私が修論を書いていたころ、奈良ではこんな本が出ていまして。じゃじゃん。『被差別の文化・反差別の生きざま』(福岡安則・好井裕明・桜井厚・江嶋修作・鐘ヶ江晴彦・野口道彦編著、明石書店)。

岸　おお。まるであらかじめ用意していたかのようだ。

齋藤　阿修羅像が表紙の。しかも家に二冊ありました。

岸　なぜ阿修羅像なのか。ていうか一冊は俺のやろ。

齋藤　奈良の被差別部落の八〇年代を調査した本です。当時は、同和対策事業で部落のかつての姿が消え、部落の文化が消えようとしていました。だから解放社会学会の人たちが、生活史をまるごと聞いていた。

この『被差別の文化・反差別の生きざま』からもそうだし、同じく桜井さんたちがつくった『語りのちから』(反差別国際連帯解放研究所しが編、弘文堂)にもすごく影響を受けていました。だから部落問題を扱う時には、生活史をまるごと聞くのが当たり前だったというのもあります。

岸　なるほど。識字運動との関係もあるの?

齋藤　そうですね。識字などで、自分の生い立ちを書くことを通じて解放を目指すという実践があった。だから聞き取りをしていても、「そういうことを聞くの?」ではなく、「ああ、生い立ちね」とすぐにわかってもらえたんです。

岸　大事なポイントですね。被差別部落は、そこで生まれたことによって差別される。だからそこに生まれたことをどう肯定していくのかが、ひとつのアイデンティティの運動の目標になった。あと識字率が低くて字も読めない人が多かったので、識字運動や綴り方運動があったと。自分の生まれや生い立ちを肯定するために、自分史を書くことがもともと運動として根付いていたんですね。

それは今から考えるとすごい作文っぽい、整形された、編集された自分史ではあるんだけど、自分の生い立ちを肯定的に語るということが、運動であり研究であるというのがもともと部落の解放運動の中にあった。

あと多くの社会学者からすると、桜井厚は構築主義やナラティブ論のイメージがあるけれど、彼は被差別部落の研究の中から出てきたんですね、本来はね。

齋藤　そうそう。そうした影響を受けていたから、部落の生活を描くことをまずやらないと、と思っていたんです。

テーマだけを聞くのはもったいない

岸　部落の中にもいろんな方がいて、政治的に保守的な方もいます。齋藤さんの修士論文では、「村ボス」と言われるような、わりと裕福で地域のボス的存在なんだけど、解放運動を忌避しがちな人に話を聞いていますよね。で、最近、二〇年ぶりに、修論のときにおこなった保守的な村ボスに対する聞き取りのテープを聞き直した。そうしたら、当時思ってたことと違うことを思った、と言ってましたね(齋藤直子「一九年前の調査を読み直す」岸政彦編集協力『at プラス』太田出版、二八号)。

齋藤　私は当時二二～三歳で、地域をまとめてきた八〇代の人に何を聞いたらいいのかわからなくて。

岸　そのくらいだとまだ、こっちも「小娘」というか、若造なんですよね。

齋藤　そう。さすがにそこは私の指導教員がけっこう聞いてたんですね。当時の私は地域の運動をはじめた女性三人の方にシンパシーを持っていて、このおじいちゃんのせいで運動が抑圧された面もあるなと思っていた。

かつての被差別部落では、産業構造的に外でなかなか就職が見つからない。なので部落産業を親方子方で(つまり、親分と子分のような雇用関係の中で)やるところがあったし、親戚関係が濃密なこともあって、地域の中でかなり階層構造がはっきりしていた。今そんなことはあまりないですけど、仕事を分け与えてるような地域のボス的な人たちが言ったことを覆していくのは難しかった面もあったんですよね。

でも、最近テープを聞きなおして、その方の生き方を聞いていたら、そういう意見になるかもなぁと納得できる部分もあったんですよ。能力の高い人が個人で乗り越える話ではあるので、それ以外の人がどうしたらいいのかは疑問としては残ったんですけど、ただその人の生き方としては、そういう意見になるのかもしれないなと。

岸　えーと、「差別なんか関係ない。個人の努力で差別を乗り越えるべき」みたいな意見を持ってたということですね。同和対策なんか要らん、ということかな。あくまでも個人の力量で差別を乗り越えろって言ってたんですね。

それは確かに、若くて研究に入って調査をやっていたら「保守的な村ボス」に見えたけど、二〇年経って当時のテープを聞き直して、文字起こしを読み直してみると解釈が変わってきて、彼の中には彼なりの言い分があったんだなと。

齋藤　二〇年後に読み返しても何か学びがあるのって、当時のインタビューが、街づくりの話だけでなく、生活史としてトータルで聞いてるからだと思います。

岸　なるほどな。多くの論文や本や研究プロジェクトには具体的なテーマがありますよね。「当事者のトラウマからの回復」「自助グループをどうするか」「社会運動をどうしていくべきか」「沖縄の基地問題をどうするべきか」と個々の関心に基づいて研究をやっている。でもその時に、やっぱり同時に、関係ないように見えても、生活史そのものを聞いとくもんだなと素朴に思う。テーマだけを聞いちゃうのはもったいないですよね。

齋藤　もったいない。そう。

岸　それで論文は書けるかもしれないけど、なんとなく僕らはそういうことをしない。

齋藤　しないですね。

岸　僕らは何かを教えてもらいたくて、何かの問題に興味があって現場へ行く。何か問題が先にあって、その問題について知りたくて、現場に入って、人に会って聞くわけじゃないですか。でも、そのときにいらん話をいっぱい聞くと。ほとんど使わないわけですけど、いらん話を聞いていくだけで、ものすごく面白いことが出てくるのは経験的にわかっている。

齋藤　そうそう。最近思うんですけど、ピンポイントな質問って全体的な知識がないとできないんですよ。いま私は生活史全体を聞くことにそれほどこだわらなくなってきているんですけど、自分で言うのもなんですけど、いい質問をするんですよ(笑)。

岸　ははは。

齋藤　それは二〇年生活史を聞いてきて、ポイントがわかって来たからだと思う。

岸　さっきの村ボスのお話でも、その人の人生を聞くとそうなる必然性みたいなものがわかってきたりする。たとえば自分のところの学部生とか院生が「結婚差別のことをやりたいです」と言ったときに、結婚差別のことだけ聞け、とは言いませんよね。

齋藤　言わない、言わない。

岸　やっぱり生活史を聞いてみたら、と言います。

齋藤さんは、最初に生活史から研究をはじめて、二〇年同じテーマで調査をやっていくうちに、だんだんピンポイントに聞くようになっていったと言いますよね。最初は人生まるごと聞いていたのが、だんだん絞るようになってきたけど、聞くべきところは聞けていると。

多くの場合は逆にやってしまうんじゃないかな。問題だけ聞きに行って、応用問題的に生活史を聞く。でも最初は生活史から聞いたほうがいいですよね。特定の問題から聞いていくよりは。

齋藤　うん。

「何をされたか?」ではなく「どう思ったか?」からの広がり

岸　具体的なことについて聞いていきたいんですけど、どうやって話を聞いていますか。質問項目とか共通のフェイスシート(年齢、性別、家族構成などの属性を聞く質問)とか……フェイスシートつくる?

齋藤　つくらない。けっこう聞き忘れます。下の名前を聞き忘れる。あとからメールで聞けるし、まあいいかと思ったりして。

岸　ははは。僕も沖縄の高齢者に聞いてるんですが、生年月日をいつも聞けないんですよね。「終戦時に新制小学校の六年生でした」という話から逆算して、だいたいこのへんだと。細かい事実関係よりも、もっと「どう思ってましたか」という話を聞きますよね。質問項目をつくらないですよね。

齋藤　つくらない。慣れないうちは、「絶対忘れるなメモ」のようなものをこっそりつくってあって、最後こう(手元をちらちら見る)みたいなのはやってたけど、今はあんまり。ただ、私はその時々とか相手によって、「この人にはこれ絶対聞いとかなあかん」というのを忘れないようにしている。調査に行くときは、行きの電車がその世界に入っていく前段階になるので、その電車の中で、「これ聞かな、あれ聞かな」と浮かんでくるのはメモしてます。

岸　なんか日常的にずっと考えてる感じですかね。次これ聞こうみたいに。

齋藤　そうですね。

岸　文字起こしも、最近はさすがに自分ではできなくなってきて、外部に委託して謝礼をお支払いして文字起こししてもらってますけど、やっぱり起こされたものをよく読みますよね。

齋藤　よくあるのは、十数年前の調査でお話ししていただいた方にお会いした時、「あのとき、○○とおっしゃってましたよね」と言ったら「私そんなこと言いましたっけ？」とめっちゃ言われる。その人はそのときに喋っただけなので忘れている。けど、私はその人のテープ起こしを何回も読んでるから、覚えてるんですよね。

岸　ああ。やっぱりよく読みますよね。

齋藤　私が経験的にわかってきたのは、体験だけを聞くのではなく、どう思ったのかまで聞いた方がいいということ。

例えば、「こういう差別的な発言をされて」という話になったとき、「そのときにどう思いました？」と聞く。「こう思った」からまた展開していくことは多いんですよね。そう思った背景には、昔こういう体験があったからだ、とか。いわゆるフェイスシート的なものと、経験的にここは聞いた方がいいと思うことはちょっと違う。

岸　違うんですよね。意外性みたいなものにいかに身を委ねて、通り過ぎていくものにパクっと食いつけるかどうか、アドリブ的なところ、反射神経みたいなものが必要。僕もこのあいだあるところで、ある院生と一緒に沖縄戦の話を聞いたんですが、「先生、うなってるだけですね」と言われて。

齋藤　ははは。

岸　たしかに僕あんまり質問もしないんですよね。そもそも、沖縄の高齢者なのでいっぱいしゃべってくれる、親切なので。「あぁー」「へぇー」って低音でうなってるだけ。要所要所で面白いなと思ったことを聞いているんです。

質的調査も量が大事

岸　事実だけ聞いても書けない、と齋藤さんはおっしゃっていますが、すごく良く分かるなと思います。特に当事者性があったりして、最初にテーマの対象が決まっていて、真面目にテーマに取り組もうとしているタイプの学生さんは、いっぱい資料を集めて、真面目に聞き取りをしているんだけど、そのことだけしか聞かないから、やっぱりあんまり書けないんですよ。

齋藤　書けないかもなぁ。

岸　たとえばある難病に関心があったとして、当事者や家族会に行くわけです。そこで症状や飲んでいる薬、治療法について聞いてくる。でも、これで論文を書こうと思っても書けない。治療法のマニュアルみたいな感じになってきてしまう。

齋藤　たしかに、病気の症状だけ聞いても書けない。「症状があることで日常生活の何がしんどいですか」とか、「症状を持ってしまったことで自分だけ損してるとか、そういう気持ちはないですか」とか、「他人から何か言われたことはありませんか」とか、たぶんそれに付随する生活を聞かないとダメなのかな……。

岸　難しいですよね。そうすると、「この病気をしてる人はこういうところでしんどい」という知識をあらかじめ持ってないと、なにを聞いていいかわからない。

齋藤　結局のところ、今までやってきた調査の経験があって、あの人がこう言ってたから、あなたにもそういうのはありませんか？　と聞いているところがある。今までやってきた生活史調査の中から、質問項目のストックができてきている感じがします。

岸　現場と研究室の往復というか、やたらと調査だけしててもダメやろうし、自分で論文を書いていって自分なりに問題をつくっていくのも大事ですよね。ここにはこんな問題があるというのに自分なりに気づいていくと、聞き取りのほうも質問項目なしで面白いことが聞けるようになってくる。質的調査も量が大事なんですよね。とりあえずたくさんの人に……今まで何人に聞きました？

齋藤　わからない。たぶん二〇〇人くらいには会ってるんじゃないかな。やっぱり二〇年やってきて、勘所というか、聞いたときに相手の人も面白がって一生懸命考えて答えてくれるような質問があるんだなと。

最近は完全に聞き取り調査の枠すら外してるので、飲み会のときに「ちょっとテープ回していいかな？」と言って、出身についてうちあけるときの話をいろいろと聞いていました。

自分の出自をうちあけるのは人生で大事なこと、重いことだというのは長年の経験から知ってるんですけど、最近あらためてもう一回聞くと、実はすごい広がりがあって。「部落出身です」とうちあけた時に、「関係ないよ」と言われて傷ついたという話がある種のストーリーとしてあるんですよ。でも「「関係ないよ」と言われたけど、僕は傷つきませんでした」という人もけっこういるし。

岸　ＬＧＢＴＱのカミングアウトでもよく言われる問題というか、パターンですよね。「俺ゲイやねん」と言った時に、「そんなこと関係ないよ、君は人として好きだから、人としてこれまで通り変わらない友達だよ」と良心的な人が言っちゃう。それは実はタブーで、それ言われるとせっかくカミングアウトしたのにそれを無にされた感じがして、傷ついてしまう、と……。

齋藤　と、言われている。だから人権啓発とかでは、「話してくれてありがとう」みたいなことを言おう、となっていて、実際にそういわれると嬉しい人もいるんですけど、「サムいやんそれ？」と思う人もいる。

あと驚いたのが、(うちあけに対して)「関係ないよ」みたいな返事がくるのはせいぜい三〇代まで。それより若い子たちは同和教育をほとんど受けてないので、「実は部落やねん」「何それ?」という反応が一番多いということもわかってきた。

岸 本当にいろいろ。一概に言えない。

齋藤 私の中で思い込みがあったというのは、すごく反省した点です。部落の当事者の子でも世代が違うと考え方がまったく違っているんですよね。

岸 そういえば、部落では「うちあけ」という言葉を使いますよね。齋藤さんは「カミングアウト」とは言わない。

齋藤 言わない。「カミングアウトオブクローゼット」という言葉が出てきた歴史があるので、ゲイやレズビアンの活動の人からすると、言葉が拡散しすぎてて嫌だと思われるだろうな、という気持ちもあって。部落問題は伝統的に「うちあけ」という言葉を使ってきてるので、それを使ってるのもあるかな。「うちあけ」にはネガティブな響きがあると して好まない人もいますが。研究をしていてしばしば感じることは「適切な言葉がまだない」という事象というのはたくさんあるなということです。

詳しくなるのはストーリーやインタビューの技術ではない

岸 さきほど質的調査でも量が大事だという話になりましたけど、聞き方がうまくなっているわけじゃないですよね。ぼくはインタビューに上手も下手もないと思ってる。正解がないので人それぞれのやり方でやるしかない。

語り手からこう言われたらこう返すとか、手をこう組みましょうとか、相手の目を見るとか、そういうのではない(笑)。どちらかといえば、聞き取りがどんどんラフになっていきますよね。生活の一部になっていくでしょう。齋藤さんはもう、一緒に部落の子らと飲んでて、面白いなと思ったらぱっとレコーダー出す感じになってるでしょう。沖縄のヤンキーや建築労働者たちの社会に入り込んで素晴らしいエスノグラフィーを書いている打越正行さんもそうですよね。そういうやり方もある。

確かに、量を重ねているとわかることがある。でも、その時にわかっているのは、いったいなんなのか？　こういうことをよく考えます。そのときに僕らが詳しくなっていくのって、人の語りとかストーリーとかインタビューの技術じゃない。問題そのものに詳しくなっているんじゃないかと思うんですよ。

齋藤　うん。

岸　たとえばさっき齋藤さんは、うちあけに対して「そんなこと関係ないよ」と答えるのがタブーかどうか、三〇代以下の人だとそもそも部落のことを知らないという話をしていました。でもそれって、ある世代までは同和教育が大阪では盛んだったけど、ある世代から下では急に消えて、今の若い子はそういう教育を受けていないという背景知識があるからわかることですよね。そういう背景を知らないとわからないことです。だから社会問題自体に詳しくなっていかないと、調査自体もできないと思うんです。

齋藤　あと同時に、出身を人に伝えるという話は、ＬＧＢＴＱとか障害学とか、他の問題で行われている議論も同時に見て行く必要があると思います。

岸　「関係ないよ」で傷つくという話も、もともとＬＧＢＴＱのカミングアウトでよく言われてきた話です。同じようなことが部落の問題でもあると。でも沖縄だと一八〇度ずれて、逆に羨ましがられることがある。「いいじゃん、俺も沖縄大好きだよ」って。そういうことを僕も若いときうっかり言っちゃったことがあるんですけど。

そうすると逆に、今度はものすごくもてはやされることの違和感が出てくる。沖縄が日本の中で占めている位置、リゾートでもあり、同時にある意味で「植民地」なのだ、というベタな知識がないと、そこまでわからないわけですよね。聞き手がベタに社会問題をわからないといけない。

カミングアウトしたときに「関係ないよ、個人として好きだよ」って言われて傷つくひともいれば、でも別にそれでいいやんっていう当事者もいる。沖縄だと逆に、内地に出稼ぎに来てるのに「沖縄出身ですか、うらやましいです！」って言われる。そういう無責任な、いいとこだけ見てる視線そのものが植民地主義なわけですが、でも実際にそう言われて嬉しい気持ちになるときもあるだろう。まずは、そういう、背景にあるマクロな歴史や構造について詳しく知らないといけないし、さらに、そういう歴史や構造のもとで人びとはどのようにして生きているのかについても、たくさん調査して経験を積まないといけない。実際に調査する上で必要なのは「調査法」じゃなくて、社会問題と、そこで生きる人びとの人生についての知識なんです。

それで、ぼくたち二人でよく話すのは、別に「ストーリー」とか「ナラティブ」みたいなものを聞き取りしているわけじゃないということ。例えば、桜井厚さんのライフストーリーは、もともとは当事者に寄り添うところが出発点だったはずですよね。

でも桜井さんは、語りを事実に結びつける実証主義を、ある種の暴力だ、としてしまった。だから、実証主義的な決めつけ、切り取りはしないのだと。人の語りをまるごと聞いて、それを傾聴するんだ、というところからはじまっている。そうすることで、一見すると当事者に寄り添っているように見えながらも、実は現実の社会問題や人びとの人生そのものについて考える回路を閉ざしてしまった。すべてはナラティブだ、というわけです。僕らはそこに違和感がありますよね。

齋藤　私のバイブルとなっている『語りのちから』もけっこうベタな社会問題の調査です。あれは本当にストーリーなのかなと思います。

（飼い猫のおはぎが『語りのちから』をなめる）

齋藤　おはぎ、なんかこの本好きやな。
岸　好きやな。カドのとこが。
最初は当事者に寄り添うところからはじまったライフストーリーは、現在では論文を書くときの「テクニック」に変わっていて、調査倫理委員会に通しやすいとか、それを論文で引用しとくと調査の暴力性はクリアできるという感じで、ちょっときつい言い方かもしれませんが、免罪符のような形になっています。使いやすい枠組みのパッケージ、あるいは「看板」として流通してたところが、すごくあるんじゃないかと。さいきん引用するひとも減ってきましたが。
齋藤　問題や関心によって手法も変わってくると思うし、ライフストーリーがフィットする分野とフィットしない分野がある。そこを見極めるのが研究者の仕事でしょう。調査をはじめた最初の方でやってみるのはいいけど、どこかでそれを超えないといけないところが出てきて、自分なりの調査法が決まってくるのだと思います。パッケージになってるところだけ見てしまうと見誤ると思っていて。だって桜井厚さんって、めちゃくちゃ聞き取りしてるもん。
岸　そうだよね。あと現場に詳しいはずよね。
齋藤　そう。そこを知らずに、この手続き踏んだらライフストーリーできるんやなと思ってしまう。

当事者と当事者でないところの接点

岸　でも難しいんだよね。それに代わる枠組みが今あるわけでもないし。僕は、たとえば「実証主義生活史法」みたいな、そういうわかりやすい言葉は意図的につくらないようにしているんですけど。そうすると方法論って、結局、禅問答みたいになっていく。

院生さんから「どういうインタビューをしたらいいデータが取れて、いい論文が書けますか」って質問を受けても、「とりあえずその問題に詳しくなりなさい」って言うしかない。直接的に答えられないですよね。「強くなりたい！」と言うやつに、お師匠さんが「まず掃除をしなさい」と言うやつみたい(笑)。院生さんや若手が具体的に調査をやる時に、こうしたらいいよ、「〇〇主義生活史法」だとデータ取れるよと簡単に言えないのは歯がゆいところでもある。悩んでいるところでもあるというか。

でもやっぱり、「今日は〝ストーリー〟を聞きに行くぞ！」みたいに(笑)、抽象的なものを聞きに行かないよね。「今日は〝ナラティブ〟聞くぞ！」とか。基本的には、何かについて知りたくて、教えてもらいたくて行くわけでしょう。「沖縄戦がどういう経験だったか教えてください」って聞く。「語り手と一緒に〝リアリティ〟を構築しよう！」と思って行くわけじゃない。でもライフストーリー派のひとたちは、聞き取りというものを

「リアリティの相互構築過程である」とか何とか言っちゃうんですよ。でもそんなものの目的にして行くわけじゃないんですよ。

齋藤　行くわけじゃない。今日もいろんな人に会って、いろんな会話ができると思ってるかな。教えてもらう一方だとも思ってなくて。例えばうちあけの問題って、自分の子どもに部落問題をどうやって教えるかにもつながっています。今、実際悩んでる人が多い問題をテーマとして扱っていることが多いので、「この前聞いた人はこういうことおっしゃってましたよ」と、意見交換になってるんです。

岸　その問題についてしゃべりに行く。なるほどね。

齋藤　私も新しいことを教えてもらえるし。だから調査は役に立てばいいものではない、という考え方もあるんですけど、問題が定まっていくうちに、当事者の人が「私もそれ知りたい」というところに行き着くところがある。

岸　まず、ストーリーとかリアリティとかナラティブとかじゃなくて、特定の問題について聞きにいく。あるいはそのひとの「実際の」生い立ちや人生の経験について聞きにいく。そして、その場で、そういう具体的な問題についてやりとりをしていくなかで、聞き手である私たちの「居場所」みたいなものもできてくるということですね。

じゃあ、役立つってどういうことなのかなと思うんですよね。齋藤さんは役に立っている実感はありますか？

齋藤　修士や博士のころまでは、「何者でもないのに私が研究していいのか」とずっと思っていた。でもやっぱりある程度論文が積み重なって、当事者の方から反応が返って来たりして行く中で、なんとなく居場所みたいなのが見つかってくる。

そうすると、そのこと（当事者かどうか、役に立てるかどうか）自体にあまり悩まなくなってくるかな。でも私は当事者ではないとも思う。「これだけ詳しいんだから私も一員だよ」とは全然思わないし、むしろ意識的に境界に立っている。当事者と当事者でないところの接点にいるという自覚がすごく強いかな。

岸　特にぼくらが研究を始めた九〇年代は、ポストコロニアリズムやカルチュラル・スタディーズの全盛期で、当事者か非当事者で分けるような議論があった。ぼくはそれにすごく影響を受けていて、正しい議論であり、大事なことだと思います。でも一方で、研究を続けていくと、当事者じゃないとわからないことが、だんだん関係なくなっていくというか。

言い方がすごく難しいんだけど、ぼくらも「何しにきたんや」「お前に何がわかるねん」と言われて、なんもわからへんから、わかりたいから教えてもらいにきたんですって言って、二〇年、二五年ずっとやってきて論文を書いて蓄積していった感覚がある。少なくとも蓄積はできるんだなと思いますよね。

齋藤　部落の運動は、当事者でない学生活動家がたくさん入ってきた時期があって、まさに「何しに来たんや」が問われてきた。でもある種の懐の深さがあって、外からくる人にも役割を与えてくれたところがある。あと私がやり始めた時代は、もう部落問題は終わりだと言われていて、むしろ「若い子きたわ」という感じ。逆に歓迎されたところはあったかなと思います。

ただ、当事者で研究者という人がけっこういる時代でもあったので、これでいいのかな？ 本当にわかってるかな？ と当事者研究者の子に聞いていました。部落解放・人権研究所で働いてる子たちに論文を読んでもらったり。

岸　当事者の方と対話を重ねながら調査をすすめていく、というのはすごい大事ですよね。当事者にしかわからへんと言われたら、その通りやと。でも、それに対して、どうせ俺たちにはわからへんねんと開き直って、「わからないことの他者性をどうのこうの」と哲学的になっちゃうよりは、自分に何ができるのかなと、愚直に真面目に考える。少なくともベタな調査をして、そのままやったら消えてっちゃうような物語を記録して保存して蓄積することはできるわけですよね。

齋藤　そうそう。

岸　できる立場にあるわけだし、聞き取りの技術はあるのかどうかわからないけど、とりあえずレコーダーの使い方は慣れている(笑)。なので、何ができるのかベタに考えたときに、たくさん聞き取りをしようと思ったんですよね。

齋藤　結婚差別の場合は、聞き取りを続けていくと、親から言われたことのパターンが収斂していくんですよ。社会構造の中で起こっていることなので。『結婚差別の社会学』を読んだ当事者の方が、「私も同じことを言われたけど、私だけじゃなかったんだな」と読んでくれたらいいなと思う。それにさっきのうちあけ話のように、当事者だからといって年齢も考え方も違うわけで、意見が一緒とは限らない。だから他の人の意見を知ることができて面白かったと言ってもらえることもあります。

「社会問題が実在する」とは

岸　ライフストーリー論は、実証主義批判をしました。今もそうですけど、「調査を疑う」みたいなところがあって、調査で得られるデータは人工の建築物で、その場でつくられたものに過ぎないと。

最近はそういう粗雑な議論も減っているように思うのですが、九〇年代には、調査の出発点で自分の立場性にすごく悩んじゃって、結局こんがらがって何もできなくなった人がけっこういたんです。あるいは調査をやめて、政治性批判をやる。それはそれで大事な作業ではあるんですけど、やっぱりベタな調査も大事やと思うんですよね。

齋藤　私が滋賀でやっていたのはベタな調査でした。ちょうど同じ頃ですが、二〇〇〇年に大阪府が行政として、被差別体験のある人びとに対して、被差別体験調査をやりました。その時、ちょうど「ストーリー」が流行っていたんですけど、これは「ストーリー」じゃない、事実だって思ったんですよね。ムラのおばあちゃんたちの生活史や、消えゆく部落の聞き取りをするのも大事だけど、そもそもこんなに差別がある状態なのに、二〇〇二年で部落問題は店じまいというふうに言われていた。店じまいしたらあかんやん。差別問題に特化した調査もやらなあかん。両方やらなあかんわって思ったんです。

岸　実在するものってなんなんでしょうね。社会問題が実在する、差別が実在すると簡単に言っちゃうけど、もうちょっと考えないといけないことがある。

例えば『はじめての沖縄』(新曜社)という本で書いたのですが、ある女子大に非常勤に行ったとき、その大学の前に大きな公園があって、ちょうど紅葉の季節だったから、あの公園でベンチで一人で本読んだら気持ちいいだろうなぁ、君らも授業サボってそんなことしておいで、みたいなことを言ったら、反応がすごく鈍かった。それを家に帰って齋藤先生に言ったら、めちゃくちゃ叱られた(笑)。女の子が一人で公園におったら、どんなに面倒くさいことになるかと。

それで、叱られたときに、「立場交換」ができなくなる地点があるなと思ったんですよ。あれから二〇年近く経って、社会の本質はどっちかというと、つながってない、交換できない、ものすごい分断されてるところにあるんじゃないかと思って。

経済というか、市場では私たちは交換可能ですよね。ぼくが大学でやってる仕事は、ぼくが辞めても誰か代わりがいる。誰でもできるとは言わないけれど、交換可能です。どんな作業でも、仕事でも、市場経済的なところでは交換可能。でも社会的なところを見ると、人は交換できないし、その人の立場には立てないし、その人の気持ちはわからない。たとえば、ぼくは長年沖縄に関わってはいるけど、いつでもぼくはそれを止めることができる。選択肢があるんです。でも沖縄で生まれ育って、基地の側で暮らしている人びとは、その暮らしを「降りる」ことがとても難しい。そこにすごく「実在的なもの」を感じるんですよね。

齋藤　ああ。感じる。

岸　目に見えない壁にドンと当たる時がある。目には見えないけれども、この壁は実在していると思うんです。

それで、社会問題は実在するぞ、とぼくらも簡単に言っちゃうんだけど、違う言葉で言ったほうがいいのかなと思うときもある。ぼくらが社会問題や差別が「実在する」と言う時に、具体的にそれが何を指しているのか、自分でも不思議なんです。

たとえば、結婚差別の話を聞いて行った時に、これはストーリーではなく、リアルな実感だと思うわけです。ものとしては確かに存在しないんだけど、たしかに実在していると言いたい。ストーリーには還元したくないものがそこにある。

ぼくの場合、沖縄戦の聞き取りのディテールで感じることがあります。死体が埋まっているところには必ず赤いトマトがなっていて、沖縄戦直後で食べ物が何もないときでも、誰もそのトマトは食べなかったという。同じような話が糸満や、伊江島、各地で残っている。小さなお話ですが、とても生々しい語りだと思います。こういう話を、ただのストーリーとかナラティブに還元したくないなと強烈に思う。

齋藤　そういえば、初期のライフストーリーでは、定型化されたものを批判していましたよね。

岸　いわゆる「モデルストーリー」というものですね。構築主義的な発想からいくと、語りは本来バラバラだけれども、それを社会運動のようなものがひとつにまとめてしまっているのではないかと。

同じ経験を実際にしているのではなく、バラバラの経験をしているバラバラの個人がいるはずなのに、出てくる語りは社会的に再編成されている。それをやっているのが社会運動や、解放運動、あるいは沖縄の復帰運動でもいいんですけど、社会運動が語りを正解の型にはめていってるんだ、というのが構築主義的な発想ですよね。

齋藤　それで昔、聞き取りの中で定型的な語りが出て来た時に、解放運動的な正解の語りだなぁと思っちゃったことがあって、あとでめっちゃ反省したんです。

それは、モデルストーリーをみんなが語っているのではなく、社会構造の中で同じことが起こるから、同じ形のように見えているだけなんじゃないか。結婚差別だって、社会構造の中で同じような差別発言をするやつがいるから、同じように傷つく人がでてきて、同じような形の語りが出てくる。社会問題が実在しているからだと私は思います。

差別する側のパターン化

岸　『結婚差別の社会学』では、結婚差別についてたくさんのケースの聞き取りをして、類型化していますよね。結婚差別を乗り越えたかどうかの基準を、結婚できたかどうかだけにおいてない。「結婚前差別」と「結婚後差別」という概念をそれぞれつくって、範囲を広げて見ている。これは生活史も含めて、前後の相互行為をていねいに集めていったから、出てきた理論ですよね。

ダニエル・ベルトーは、複数人のライフヒストリーの収集を続けていくことによって、その共通するところから一般的な理論ができていくことを「飽和」という言葉で表現しましたが、まあ「飽和」とは誰も思わんと思うけど(笑)、それでも齋藤さんも見えてくるものがあったわけね。

齋藤　あった。

岸　それは解放運動の型にはめたわけじゃなくて。

齋藤　うん、そうじゃない。特に差別はするほうの問題で、するほうは同じ形で差別をします。

岸　なるほど。当事者の側の折り合いの付け方や戦略については多様だけれども、差別する側は特にパターン化されていると。

齋藤　部落差別は、表だって言わずにこそこそとおこなわれます。そこで使われる陰湿な言説は個人が発明するのではなく、世間で流通しているものです。社会構造の中で練られたものを、個人が使うから同じ形になる。

岸　ひとつの社会問題や差別が実在するときに、差別する側も実在していると。植民地主義でもパターン化されたものが世界各地で共通して見つかりますもんね。

齋藤　かといって、単純に対象を比較するのも違うと思っています。岸さんが、筒井淳也さんとした対談(「質的調査と量的調査は対話可能か」岸政彦・北田暁大・筒井淳也・稲葉振一郎『社会学はどこから来てどこへ行くのか』有斐閣)の中に、在日を部落と比較するのは違うという話が出ていますよね。

岸　ちょっと補足すると、特定の社会問題を特定の場所でやっていると、理論や計量の人から「比較しないの?」とよく言われてしまいます。僕も沖縄の出稼ぎをやっているんだったら、東北の出稼ぎもやってみたらと言われたことがあります。齋藤さんも被差別部落の結婚差別の報告をしたときに、偉い先生から「在日もやればいい」と言われたことがある。

齋藤　質疑応答が、「やらないの?」「やりません!」「やらないの?」「やりません!」

で終わった。

岸　ははは。できないんだよね、比較なんか。少なくとも簡単にはできない。僕がいつも院生に言うのは、ケースの中の多様性を丁寧に書いたほうがいい、ということ。ケースとケースを単純に比較すると、なぜこれを比較したのか、というツッコミが逆に入る。恣意的な並列になってしまうんです。あと端的に失礼ですよね、「部落やっているんだから、在日もやれば」と言うのは。すごく粗雑。

齋藤　たぶん、言っている人は、「同じように差別されている人たちなんでしょう」くらいにしか思っていない。私が具体的に知っている人たちのことを一緒くたに「差別されている人たち」としか見ていないことに、私も当事者じゃないけど、傷ついた感覚がありました。

岸　でもそこで、じゃあ差別に還元できないような多様な生活戦略や文化があるんでしょう！　と言われても、それはそれで違和感がありますよね。

齋藤　あるなぁ。

部落問題と結婚・家制度

岸　やっぱり、実在するものは差別なんだと思うよね。「差別といえば、部落と在日だから比較しろ」という粗雑な議論も傷つく。でも一方で「差別問題に還元できないような、地域社会の日常生活を豊かに描きましょう」と言われても、そこにも違和感がある。ポジティブな面だけを書くこともできなくて、差別が存在することに、引っかかりがある。

齋藤　「部落の豊かな生活」を言いすぎると、部落にロマンを感じるところにつながります。たしかに、差別があったゆえの部落産業や、助け合いの文化がある。でもそれに対して「近代社会が失ったものをここはまだ持っている」みたいなことを言うのも、違和感ありますよね。

岸　沖縄で本当によく言われることだ……。部落でもそういう言い方がありますよね。たとえば、いろんな人々を受け入れてきた、祝祭的なアジール(避難所)だ、といった言い方。なんか違うなぁと。

齋藤　そうそう。

岸　結局のところ、ぼくたちは「極端な議論」をしたくないんだと思います。

齋藤　日常を暮らす中で、差別だけでもないし、かといって差別がないとも言えない。どちらかだけをやるのは、ものすごくバランスの悪い感じがする。

岸　「差別されてかわいそうだけど、同時に差別に抵抗するたくましさもある」という話もしたくない。ぼくらはどちらかというと、そのあいだにあるリアルな生活についての、穏当な議論をしているんだと思います。普通の話をしている。だから政治的にはぬるいと言われるかもしれないんですよね。

たとえば、齋藤さんがテーマにしている被差別部落の結婚差別についても、政治的に保守的な議論だとも読まれかねないですよね。結婚差別を題材にすること自体が、結婚を望ましいとする前提があるのではないか？　あるいは、ヘテロセクシュアルによる一対一のカップリングの在り方を無条件に肯定しているのではないか？　と。

齋藤　部落問題は、戸籍や天皇制とつながりのある問題なので、広い視点で見れば結婚制度や家制度そのものを問うていく必要は確実にあると思います。

ただ、ひとりの個人が結婚したいと思う時に……なんでしょうね、「当事者以外の人がやればいいじゃん、それ」って思うんですよ。選択以前に結婚自体を否定されている人に対して、「そんなに苦しんでいるなら、結婚制度に乗らなきゃいいじゃないか」というのは、違うんじゃないか。

大多数の人がそのことを問われずに結婚しているのに、なぜマイノリティだけが結婚差別もされた上に、結婚制度に乗るか乗らないかみたいな悩みまで押し付けられるのか。今しんどい人に対して、さらに判断を迫るようなことをするのではなく、まずはマジョリティの世界で普段からそのことを考えるべきだと思う。苦しんでいる人だけにそれを言うのではなく。

岸　ラディカルな人が、逆に「結婚に囚われているから差別になるんだ」という主張をすることがありますよね。「結婚制度を否定すれば、差別でもなんでもないじゃん」と。

でも難しいですよね。確かに、結婚制度は結婚制度で、それは批判すべきですし。

齋藤　マイノリティの側から結婚制度を問うような活動をして、そこからラディカルな議論が出てくることもあります。それは当然のことだと思います。でもどのような行動を取るのかを決めるのは本人であり、結婚制度に反対するかどうかを決めるのは本人なので、制度批判をマイノリティだけに求めるのはすごく酷なことだと思います。

岸　『結婚差別の社会学』では、差別が結婚させない方向で働くことを膨大なケースから描きだしていますよね。世の中に起こっていることを調べ、蓄積し、事実として差別がこういう現れ方をするということを報告する。ベタな社会問題のベタな調査って大事だなって思うんです。

齋藤　議論のベースになりますからね。私の仕事は議論のベースをつくることで、私がすべてを語る必要はないと思っています。親の反対が面倒だから一生同棲でいいと選択する人たちもいるのですが、その前段階の議論として、結婚差別についての整理も必要だと思うんです。

あとこの本を書いてから、障害者の場合はこう、在日コリアンの場合はこう、といろんな結婚差別の話を教えてもらうことが増えました。その時に、議論のベースになるんだなと。これは比較とは少し違っていて、プラットホームのようになれるというか。

岸　差別は選択肢が少なくなるように作用している。だから選択肢を保障しようという運動になっていく。そこで、選択肢自体を肯定することは僕らのジレンマかなと思います。そこらへんは開き直らずに考えたいなと思いますけど。

齋藤　でも選択の余地がない人に「選択しろ」というのは変な話なので、まず選べる状態をつくってから次かな。

岸　そうやなあ。じゃあ、ぼくたちはなんの仕事をしていると言えるんだろうか。現場でベタに調査をしていると、そんなにラディカルなことが言えなくなってくる。

このあいだ、沖縄戦のガマの集団自決の生き残りの男性に聞き取りをしました。インタビューの始まりで、「岸先生は保守ですか、革新ですか?」といきなり聞かれたのね。「ぼくは沖縄の基地賛成なんですよ」とその人は言った。ああなるほどと思って。ぼくは「個人的には革新だし、基地反対だけど、基地労働や軍作業で飯を食ってきた沖縄の人の意見を否定したくないんです」と言ったの。それで納得して喋ってもらいました。

語りをいっぱい聞いていくと、部落の村ボスの話もそうですし、いろんな人がいるわけです。差別のような力が働いている時に、いろんな人が、いろんな方法で生きてきた。そのことを聞いていくと、机上の空論というか、あまりにも理想的なことは言えなくなってくる。それこそ、結婚差別が嫌だったら、結婚制度自体がなくなればいいんじゃないか、と一発で解決できるようなことが。限りなく普通の話を、普通に集めていくことになるんですよ。

齋藤　結婚差別されたら、諦めるか、強行突破かしかないようなイメージがあるかもしれませんが、その間でひとまずの落としどころを見つけている人もいるんですよね。その事実を知るだけで、安心する人もいる。だから、ほどほどに人はこんなふうにしているよ、とたくさん例を示していくことも大事な仕事だと思うんです。

岸　齋藤さんが相談員をしているKakekomi寺は、部落の結婚差別で悩んでいる人の相談を聞く活動を続けています。そこでは、基本的に話を聞くこと自体が目的なんだよね。本人が納得できることを一番にしている。「結婚させる」とか「結婚制度を乗り越えさせる」みたいなことをゴールにしてない。まずは話を聞く、という支援のあり方です。

齋藤　あと、部落問題の知識がないことで、「部落は怖い」と思っている人がいるので、正確な知識を知ったうえで今の迷いについても判断してくださいとは話しています。知識の提供と、本人の判断の背中を押すのと両方やっている感じかな。

岸　それはベタな知識ですよね。事実関係について伝えて、あとは話を聞く。

齋藤　そうそう。

岸　ぼくらがふだんやってることそのものですよね。もしかしたら社会運動そのものもそういうふうになってきているのかもしれない。

前に矢澤修次郎先生と話した時に、社会学ってリカバリーでいいんだ、サルベージでもいいんだとおっしゃっていた。要するに答えを出すのが社会学ではないと。なぜならば、社会学なんかなくても人々はすでに社会生活を営んでいる。社会学者は人々が社会をどうやって営んでいるのかを聞けばいい、聞いて蓄積するのが仕事なんだ、と矢澤先生は言うわけです。

その話を聞いてから、いろいろと考えているんだけど、何が解決かは人々が考えますよね。ぼくらはベタな事実を集めて、そのサポートをすることはできる。でも何が解決なのかを出さない。何が解決なのかを考えるのは当事者だから。

ただ、この話を突き詰めていくと、差別されている人がいたとして、それが差別されているかどうかも当事者が考えて、こっちが聞くだけというところに持っていけるのか。これはけっこう難しい。ある経験をして、それが差別かどうなのかも、その人の解釈によることにすると、足元を全部掘り崩してしまう感じがある。当事者の解釈に委ねるのも、実は限界がどこかにあるんですよ。

しかしまた、それこそが語りの地平線というか、壁というか、限界だ、ということもできる。解釈にまかせて僕らはやってるんだけど、どこかで「透明な実在の壁」に当たるわけ。これは解釈の問題じゃないぞというのが出てくるのね。その向こうは実在しているとしか言えないというか。差別問題だと特にこれははっきりと見えてくると思います。

「結婚には反対だが差別ではない」の疑わしさ

齋藤　ちょっとずれてるかもしれないんですけど、私は結婚差別は差別なのか？　と一度も疑ったことないんですよ。

ただ博士論文の中間審査か何かのときに、「家族だったら反対するんじゃないの？　家族社会学的には差別かどうか言えないよね」と言われたんです。そこですごく頑張って、家族社会学的に差別かどうかを検証した上で、ここでは差別と定義したので、後半からは差別の話をしますよと博論は二段階で書いたんですよ。私はその時、結婚差別の問題を差別問題と思わない人がいることに、めちゃくちゃびっくりした。

でも『結婚差別の社会学』を書いてから、ラジオやテレビに出ることもあって、そしたら感想に「親だったら反対するでしょう」と書く人もいて。もしかして「結婚差別は差別」って、私は強い主張を実はしているんじゃないかなと思う時がある。

岸　このことについて、齋藤さんに書いてほしいなと思っています。実は結婚初期の時によくわれわれで論争していたことがあって、それはリスクと差別はなにが違うのか、ということです。リスクに還元することを、中途半端に賢い人はやってしまうじゃないですか。たとえば仕事をまったくしない人、暴力をふるう人、お酒に溺れている人がいて、そういう人との結婚はリスクが上がると判断して結婚をやめたり、家族が反対したりしても、それは差別とは言われないことが多いでしょう。

そこで、もし部落の人と結婚するとする。そうすると、自分も部落差別を受けるリスクが生じるかもしれないわけですよね。そのとき、そのリスクを考えた上で結婚を反対しているだけで、部落の人を差別しているわけじゃない、という議論が成り立つと言えば成り立ちますよね。

齋藤　うん、成り立つといえば成り立つ。でも、リスクとかではなく、もっと素で拒絶感を持っている人がいるんじゃないかと私は思う。

岸　そこらへんはもうちょっと議論を重ねるべきで、「素の拒絶感」というか、偏見や差別意識みたいなものに還元するのも不十分かなと思うところもあります。

部落差別の場合は、リスクが無根拠に過大評価されてるところがあると思うんです。たとえば「ＤＶ癖のある男」と部落の人とを比べるとする。実際に暴力をふるわれることと、もしかしたら差別されるかもしれないことは、リスクが全然違うでしょう。「差別されるかもしれない」と思う時、誰にされるかわかっていないし、そもそも差別されるかもわからない。外見上のロジックが似ているからといって、同じだとするのは合理的ではない。前者の男性を避けることは合理的でも、後者を忌避することは不合理で理不尽で、もっといえばそれこそが差別です。

部落の場合は、そうした合理的ではない話が出てくるわけですよ。それって差別と言っていいんじゃないか。でも不思議ですよね。そうすると、ものすごく非合理的な、ロジックに還元できないものがやっぱり残るわけ。それをたぶん「差別」と言う、ということだと思います。でも他方でそれは、古典的な、前近代的なケガレ意識ではない。

齋藤　ないない。

岸　ないと思うし、なんか生理的な嫌悪感でもないし。今のところ名前がついてない。ここに名前をつけたほうがいいと前から思ってるんだけど。かといってリスクのほうにも還元できないし。それはロジックとして外見的に似てるだけで。

齋藤　似てるだけ。やっぱりリスクじゃないような気がする……。

岸　たぶんこういうのを「差別」っていうんだ、という、簡単な話のような気もしますが……。

差別する側の非合理的で過剰な拒否感

岸　差別するときには、合理的な計算の上では考えてないだろうという感じがある。じゃあ、合理的な結婚反対と、非合理的な結婚差別との差はどこにあるんだろう。そこは社会学的にまだ名前がついていないんですよ。そのあたりは理論とかの頭のいい人にやってほしい(笑)。

齋藤　ずっとすごく不思議なんですよ。ヘイトスピーチを見ていても、なぜあんなに外国籍の人を怖がるのか。そして部落問題になぜ拒否感をもつのか。生理的嫌悪でもないし、リスクという言葉では片づけられない。何かあるなと私も思っていて、ここは差別論の大きな問題なのに、語られていない感じがします。

岸　語られていない。名前がついていない。でもそれは透明な壁としてぶち当たって、なんかここにあるぞ、と実感としてあるわけですよね。で、それを他者に伝えるとき、例えば理論系や計量系、あるいは社会学以外の人に対して、「社会問題や差別は実在する」という言い方をぼくたちはとりあえずしちゃう。

齋藤　ああ、そうそう。

岸　そうすると、研究者より社会運動家のようなことをやってる、みたいな感じで言われるんだけど、ベタな生活史の聞き取りを、現場で二〇年、二五年やってて、そういう「差別の実在性」みたいなものを実感として持つようになった。聞き取りでは、当面の問題関心とは関係ないところまで全部聞いて、飲み会にも行くし、意味なく沖縄に通って酒だけ飲んで帰ってくることを何回も繰り返してるうちに何度もぶち当たるんですよね。なんかあるぞ、と。超えられない壁というか、差別というものの実在性にあらためて気づく。何度も何度もそこにぶち当たる。

齋藤　そうですよね。新型コロナが流行り出したときに、感染者や医療従事者などへの差別が問題になりましたが、それって感染リスクでは説明できないと思うんですよ。絶対やりすぎているでしょう。

岸　やりすぎ。やっぱり、「合理的な忌避」とかでは説明できない過剰な部分がある。

露骨な差別意識が「実在する」んだ、と。

齋藤　私の出身地の三重でも、いかにもありそうだなと思ったんですけど、やっぱりそういうことがあった。他府県の知人も自分のところでありそうと言っていた。だから、どこでもあることで、やっぱりなんかあるのはみんなわかっている。

あと、結婚差別を見ていると、自分の子どもがマイノリティの人と結婚するとなったときに、マジョリティの親はなんとなく被害者感覚を持っているような感じがするんです。

岸　ああ、そうそう。被害者だよね。身を守っているだけという感じ。感染者を叩いている人もきっと、自分と自分の家族を守っているつもりなんですよね。完全に攻撃的には、人間はなれないと思うんです。なんらかの被害者性がないと攻撃できない。

齋藤　「あそこの店でコロナがうつった」とデマが流れたりね。

やればやるほど離れられなくなる

岸　じゃあ最後に、これから質的調査をする人にアドバイスがあれば。

齋藤　「好きこそものの上手なれ」は本当に大切な言葉だと思います。関心をすごく持つと自動的に回っていくところはあると思う。好きとか面白いだけじゃなくて、嫌い、怒りでもいいと思うんですけど、やればやるほど離れられなくなる。コミットが深まっていくので責任も出てくるし。そういうのも含めて好きと言ってるんですけど。

岸　ほんまにそうやなあ。

齋藤　一生懸命考えざるをえなくなると、どんどん一生懸命やるようになる。最初はおそるおそるなんですけど、一生懸命考えなあかん大切な相手になる。それは当事者であってもなくてもそういう気持ちにたぶんなってくるので。最初は「自分がこんなことやっていいいんだろうか？　やる資格があるのか？」と思うかもしれないけど、やっているうちに責任が生まれてくると思います。

岸　役に立つこと書かなきゃと思うのも、もともとは「私がこれやっていいんだろうか」みたいなところから生まれるというか。

齋藤　そうそう。裏返しになっていると思う。

岸　どれくらいコミットできるかですよね、ひとつのことに。まあ、別に途中で研究テーマ変えてもいいいんだけどね(笑)。

齋藤　変えるのもありだと思います。一年や二年ではなかなかわからないところもあるので。周りでテーマを変えてる人も多かったし、テーマを変えることでわかることもありますから。離婚とかと一緒やと思う。離婚してよかった人はたくさんいるじゃないですか。

岸　急に「離婚」って言うから、びっくりした(笑)。

齋藤　ははは。テーマを変えたことで道がひらける人もいるので、テーマを変えてみるのもひとつだと思います。

岸　まああれだな、コミットしてやっていきましょうと。若い人は査読やら学振やら公募やらなんやらも大変ですけど。

齋藤　部落問題なんて就職ないとか、部落問題のゼミなんか行ってたら一般企業の就職ないと言われ続けていたし、科研もそんなんで通るのかとか言われてたけど、部落問題で通ってる人はいっぱいいるんです。オールドで伝統的な問題を、今時のグローバルな文脈に位置づけ直して新しい議論を展開していくとか。まぁ、こうやって一生懸命やってるのも、好きだからこそできるところがあるので。

岸　あと、テーマだけじゃなくて、そもそも社会学自体が好きだよね。

齋藤　社会学好き、大好き。

岸　よく読んでるしね。俺よりよっぽど読んでる。

齋藤　やっぱり社会学に救われたなと思ってる部分があるので好きですね。

岸　あといつも思うけど、学生や院生に優しいよね……。ウチの院生さんも何か悩みがあるときは優しい齋藤先生に個人的に相談を。今日は齋藤直子先生でした、どうもありがとうございました。

＊立命館大学大学院先端総合学術研究科の二〇二〇年度授業動画「リサーチマネジメント」より構成

第3回
丸山里美×
岸 政彦

簡単に理解できない、
矛盾した語りを掘り下げたい

今回お話しするのは、京都大学の丸山里美さんです。女性ホームレスの丹念な生活史の聞き取りに基づく著書『女性ホームレスとして生きる』(世界思想社)は、男性がホームレスの圧倒的多数を占めるなか、女性がいかにホームレスとなりいかに生活しているのか、これまでの支援や研究が見落としていたものはなにかを描き出したことで注目を集めました。二〇二一年、同書の増補新装版刊行を記念して行われた対談の場で、ホームレス研究をめぐる葛藤、人々の生活のリアリティ、質的調査における理論の重要性、社会学者であることの意味等々、丸山さんの「調査する人生」を聞きます。

ホームレス研究から排除された女性

岸 今日はお足元が悪い中、ありがとうございます……と、配信イベントで必ず言うんですが、いままでいちどもウケたことないんですけど。改めてご紹介したいと思います。京都大学の丸山里美さんです(拍手)。

丸山 よろしくお願いします。

岸 会場には、本の担当編集さんと、おさい先生(齋藤直子)の二人がいてくれています。

（おさい先生が目の前にいるので）どこ見て喋ったらいいのかわからん……。今日は『女性ホームレスとして生きる』の増補新装版が出版されたとのことで。この本が最初に出たのはいつでしたっけ。

丸山　二〇一三年です。

岸　そこから八年も読み継がれていて、増補新装版が出ると。ちょっと柔らかい感じのカバーになっていますが、定価が安くなったんですか。

丸山　ちょびっと（笑）。

岸　ちょびっと安くなった（笑）。今日はこの本を中心にしてお話ししたいと思います。最初にこの本の紹介を。簡単に説明すると、どんな本ですか。

丸山　そうか、そういう紹介しないといけないですよね……。

岸　当たり前です（笑）。何を題材にして、何を書いたのでしょうか。

丸山　えーっと、二〇〇二年から七年間ほど、女性ホームレスの人たちにお話を聞いたり調査をしてきて、まとめたものです。女性ホームレスの人たちは、そもそもどんな人たちなのか。どういったプロセスでホームレスになっていったか。どんな日常を過ごし、どんなことに困ってたり、喜びを見出しているのか。大きな主題は——これはだいぶ研究のあとの方で気づいたのですが——なぜ彼女たちはつらいといいつつ野宿生活を続けるのか、ホームレス研究の中から、女性がどうやって、なぜ排除されてしまったのか？　です。

岸　素朴な質問なんですけれども、ホームレスの調査研究をしたわけですよね。ホームレスというと、一般の市民のイメージからすると、公園とか路上で中高年の男性が暮らしてるのがホームレス。この本は今お話にあったように、女性ホームレスが対象です。一般にはあんまりそういうイメージはないと思うのですが、実際に女性はたくさんいるんですか。

丸山　全然いないです。ホームレスをどういう人たちと考えるのかによりますが、路上に寝ている人のうちでは、女性は三％〜五％ほど。私が調査していた時期は、日本で野宿している人が一番多い時期で、三万人ほどいました。今だと三〇〇〇人ほどに激減しています。

岸　減っていると。それでも一定数女性ホームレスの方がいると考えてもいい。三万人いたうちの五％だと、当時は一五〇〇人くらいはいただろうと。

丸山　はい。そう思います。

岸　そもそも女性ホームレス自体が可視化されておらず、そんな人いるの？　とびっくりされるところから丸山さんの研究は始まったと思います。研究の当初から、女性ホームレスを調査研究しようと思っていたんでしょうか。

丸山　まったく思っていなかったです。多くの社会学者もそうだと思いますが、研究対象に出会うのは偶然が多い。

そもそもの話をすると、私が大学に入ったのはちょうど阪神淡路大震災のあと、九七年なんですが、ボランティアが流行っていた時代でした。当時はボランティアは良いことのように言われていて、でも本当にそうなのか疑問に思っていました。

大学二年生の時、インドに行って、マザーテレサがいたことで有名な「死を待つ人の家」で、ちょっとだけボランティアをする機会がありました。そこにいた人たちは、良いことをしているイメージとはちょっと違ったんです。例えば、ボランティアに参加する理由が、ボランティア仲間に好きな女の子がいるからだったりする。ボランティアって不思議だなと思っていました。

そこでボランティアをしながらフィールドワークをして卒論を書こうと考えて、たまたま気になったのが釜ヶ崎でした。以前一回行ったことがあって、アジアの国を旅行してる気分になって、不謹慎なんですけどなんか楽しいところというイメージがあった。それで、私は大学に五年いたので、最後の三年間炊き出しに通ったんですよ。

岸 丸山さんに会ったのは、だいたいそのあたりの時だったかな。学部生だった気がする。

丸山 そうです。五回生でした。

岸 実は長い付き合いで、もう二〇年以上になりますかね。当時大阪市立大学でやってた青木秀男先生の自主ゼミみたいな、通称「A研」という社会問題の研究会がありまして。

そこに打越正行とか、齋藤直子、白波瀬達也とかみんないた。当時二〇代三〇代の若い院生とか学生ばっかりですね。いまみんな、現場で書く第一線の社会学者として頑張って仕事をしています。じゃあ、最初は釜ヶ崎で研究をしようとしていた。

丸山　そうですね。学部生から三年間、釜ヶ崎に毎週のように通って、大事にしていたフィールドでした。でもボランティアをしている時に、おじさんからラブレターをもらって、だんだんとストーカーのようになってしまい、最後に「殺してやる」と言われたんですよ。そのあと、道の角を曲がったらおじさんが包丁を持って待っていたらどうしようと怖くなって。それで行けなくなったんです。

そこではじめて、ジェンダーの問題を意識することになった。私は単なるボランティアだったので釜ヶ崎に行かないことは出来る。でもそこで野宿をしている女性たちはそうはできないはずです。彼女たちがどうやって生き延びているのか、人生の先輩から知恵を学びたいと思いました。これが「女性ホームレス」というテーマに行きついた偶然の過程です。

岸　この話は二〇一六年の『質的社会調査の方法――他者の合理性の理解社会学』(有斐閣ストゥディア)に書かれていましたね。ぼくと、丸山さん、そしてフィリピンのマニラでボクサーになりながらフィールドワークをした石岡丈昇さんの三人で、質的社会学の教科書を出した。その中で、ひとつだけ丸山さんにお願いしたことがありました。調査現場の中で、女性であることで苦労したエピソードを書いてほしいと。

というのも、調査の中での暴力やトラブルは、調査者が被調査者に対してふるうものが大半です。ずかずか入り込んでいって好き勝手に書いて帰るとか、同意を取らずにインタビューをするとか。もちろん、それはやってはいけないと何度も本の中でも書きました。

一方で、ジェンダーの軸が入るとその立場が逆転することがあります。特に若い女性、女子の院生が現場に入っていって、年上男性の調査対象者からセクハラをされるようなことがある。教科書の中で、これは絶対に入れたいと。ジェンダーの視点を入れると、ここまで世界が違う。これは丸山さんに教えてもらったことです。

調査をお願いする勇気

岸　では女性ホームレスの方にはどうやって話を聞いていったのでしょうか。

丸山　先に女性ホームレスの調査をしたいと決めてから、どうやって話を聞くのか考えたので苦労しました。いろんな支援団体に顔を出しながら話を聞けそうな人を探していました。

岸　いることは知っていた？

丸山　時々は見かけていたので。ただ釜ヶ崎にはほぼいませんでした。場所によって女性ホームレスの割合にも違いがあって、釜ヶ崎は男性が多い街なので、女性が暮らしにくいんですよね。ちなみに、私はこんな調査をしているんですけど、街で見かけたホームレスの人に「すみません」とか言って声かけたりできないんですよ。

岸　だいたいそうだよね。だいたい大学院行って社会学やる人は、だいたい、人見知りなんですよ。

丸山　ふふふ(笑)。

岸　ぼくも今でこそ体重が増えて、ガハハと笑う豪快な大阪のおじさんみたいになってますけど、もともとはね(笑)。じゃあ、ホームレスの人のところにいきなり行って「話聞かせてくださいよ！」と言うタイプではなかった。

丸山　なかったですね。調査をお願いするのって、めちゃくちゃ勇気いるじゃないですか。

岸　そう。アポ取れた瞬間に八割成功なんですよ。

丸山　一日一件しか調査のお願いができないって岸さんも言ってて、そうなんやと。

岸　そうそう。

丸山　それに当時、ストーカーのこともあって、自分は調査に失敗したんだと、挫折感でいっぱいで。大学院にも受からず、大学五年生になっていたのと重なっていた時期で、自分にはフィールドワークの能力がないんだと思っていました。だから、気軽にそこらへんにいる女性を捕まえて、調査させてくださいと声をかけるだけの自信がなかったんですよ。

岸　でも、関係団体とか、ちょっとずつ入っていって、なんとか女性ホームレスにアプローチしていくわけですよね。

丸山　そうですね。

岸　最近は少なくなったけど、ぼくらの時代だと現場で必ず「何しに来たんや?」「お前に何がわかんねん」「研究やってなんか役にたつの?」って言われました。

丸山　よくそう言いますが、実は私はあまり経験がなくて。私は臆病者なので、「調査をさせてください」ってお願いするタイミングがすごい遅いんですよ。人間関係ができて、今頼んだら断られないと思ってから、ようやく「すみません」と言い出す。

岸　わかる。

丸山　だからズルいんですよね。

岸　みんなそうなんですよね。ぼくも、すごい人が嫌いで、犬と猫以外は基本的にダメなんですよ。だいたいそういう人が調査をやっている。沖縄でヤンキーのパシリになって調査をしている打越正行さんも、パシリから入るのは自分ができる唯一の方法だったからだと言っていた。みんな、わーいと喜んで現場に入ったわけじゃない。やっぱりね。踏みにじっているんじゃないかなとか、こんなこと聞いていいのかなと思いながら聞いている。

ぼくも沖縄戦の話を聞いていると、相手が途中で黙っちゃったり、泣いちゃったりすることがある。そうすると、それ以上聞けない。それ以上聞かないのはインタビュアーとしては失格なんだけどな……と思いながらやってます。丸山さんは最初、どのように女性ホームレスの人たちにインタビューをしていったんですか。

丸山　いろんな方法でアクセスしようと試みましたが、うまくいかなかったものも多かったです。最初にはじめたのは施設のボランティアでした。それと並行して夜回りの活動にも参加して、そこで女性とも知り合いになることができました。でも、夜回りくらいのつながりでは、調査を頼んでも断られないような関係にはなかなかなれない。夜回りは上手くいかなくてだんだん行かなくなりましたが、その結論に至るまで一年半は通い続けました。

試行錯誤の結果、上手くいくきっかけになったのは、東京の公園の女性野宿者が集まるお茶会でした。夜回りだと少しの時間話をするだけですが、そこはお茶とかお菓子を持ち寄って喋る場だったので、人間関係ができていった。そこからインタビューを始めたのがこの本で一番のメインになった調査です。もう一つは大阪で自分たちで女性野宿者の支援団体を作りました。あとは全部失敗に終わった……。失敗ってことはないですけど。

畳の上で寝ることよりも大事なこと

岸　本の内容に入って行こうと思うんですが、公園に住んでいる女性ホームレスの人たちと、関係性をつくってインタビューをして行った時に、見えて来たものはなんだったのでしょうか。男性ホームレスとはどう違うのか。

丸山　最初に興味を持ったのは、女性ならではの問題です。例えばお風呂や洗濯物をどうしているのか。私が調査に入ったのは大きな公園で、三〇〇人ほどが暮らしていました。すごい男性社会だったんです。それで話を聞いてみると、男性とは違う経験をしている。

例えば、夜回りでは「身体の具合は大丈夫ですか」と支援者がホームレスの方に声をかけて周ります。それが女性ホームレスの方の場合は、知らない男性支援者から声をかけられた時に、支援者かどうかは最初はわからないわけですから非常に怖いと言っていました。男性とは違う体験です。そもそも寝ている時に、近くを歩いている人がいるだけで怖いといいます。それは怖いやろうなと思う。

施設との距離感も男性とは違うと思いました。当時は野宿している人が、生活保護を受けて野宿から脱することが難しい時代でした。特に男性の場合は「仕事があるだろう」と言われて、断られてしまう。女性の方が男性と比べて、生活保護の相談に行っても中高年の女性が稼げる仕事自体がそもそもないので、福祉制度を利用しやすい状況だったのは確かです。そういうなかで、それでも野宿しているというのは、男性とは違う面だと思います。

岸　女性だと野宿生活が一段と厳しいと。もちろん、男性ホームレスが楽だということではないですが、女性の方が怖さを感じることが多い。ほかに生理の時どうするか、お風呂の時どうするか、性的な暴力の可能性も含めて、この本の中には詳細に書いてあります。特に五、六、七章が圧巻だと思いました。エイコさん、タマコさん、イツコさん……と女性個人の生活史が書き込まれています。だんだん知り合いのような気がしてくる。彼女たち、例えば、エイコさんはどのような人でしたか?

丸山　エイコさんは私も深く印象に残っているうちの一人です。当時六〇代……でも自称だったので、正確な年齢はわかりません。貧しい漁師の父子家庭に育ち、字が読めない人だった。私が出会った時には、一〇年ほど野宿をしていて、テントで一人暮らしをしていました。彼女は字が読めないことにコンプレックスを抱いていた。悔しかったことがたくさんあったといいます。字が読めないからいじめられた、お金を取られたと。そしてエイコさんは、野宿の生活が一番良いと言うんです。今の生活が、今までの人生の中で最高だと。最初はどういう意味なのかわかりませんでした。

このエイコさんは、コミュニケーション能力が高くて、いろんな取材を受けていて、取材者から差し入れを貰って生きていた。彼女について書かれた新聞記事や修士論文もいくつかあって、それを読んでいたら、私が聞いた話と違うところがありました。例えば年齢も全然違う。私が間違いなのか、エイコさんが嘘を言ってるのか、非常に困って考えたあげく、それでもエイコさんがどのテキストでも同じように、テープレコーダーに録音されたように繰り返す言い回しがあって、そっちの方が大事だと考えるようになりました。

どのテキストでも、エイコさんは字が読めないからホームレスになってしまったという話をしていた。ようやく彼女を理解したような気持ちになりました。彼女にとって字が読めないことは、それまでは隠して生きてきた恥ずかしいことでした。でもホームレスになってから、オープンに誰にでも語っている。そうか、彼女にとっては野宿をするよりも、字が読めないことを言ってもいじめられないだとか、人に共感してもらえる今の生活の方が嬉しいんだなと。すごく印象深い人でしたね。畳の上で寝ることよりも、大事なことが人の暮らしにはあると教えてもらいました。

岸　いやぁ、もう、唸りましたよね。タマコさんという女性も知的障害をはじめて公園で言えるようになった、受け入れられるようになったと話をしていた。ここで、強く言っておかなければいけないことがあって、当たり前ですが女性ホームレス全員がそうではないんですよね。ものすごく公園で辛い思いをしていて、早く屋根のあるところに戻りたいと言っている人もたくさんいる。

その上で、公園が一番いいんだという話は、一読者として、なんか、唸る。この語りをよく持ってきたなと。ある種、危険な語りでもあるわけなんですよ。丸山さんが研究者としてそのことを語ることによって、ホームレスとしての人生のポジティブな側面とか、たくましさ、「こうして女性たちは公園でも楽しくやっているんだぜ」という物語として読まれかねない。それでもやっぱり、どうしても書こうと思ったのでしょうか。

丸山　そうですね。私にとっても印象に残る語りだったので。

岸　思い込みを崩される本ですよね。まず女性ホームレスがいることにびっくりするし、男性ホームレスとはまた違う固有のしんどさがあることにも驚く。さらに、公園が一番いいと言っている人もいる。何段階も自分の思い込みが引っくり返されます。

「改善」より先に「理解」したい

岸　上間陽子さんの『裸足で逃げる』(太田出版)の帯に、「「かわいそう」でも、「たくましい」でもない」と書きました。こういう話を書く時って、「かわいそう」か「たくましい」のどっちかになっちゃうじゃないですか。

上間さんの本でもそうですが、この本(『女性ホームレスとして生きる』)を読んで、社会学者って、現場に入って何をやっているんだろうと改めて思いました。例えば、初発の動機には、臨床的と言えばいいのか、「なんとかしなきゃ」って思いはあるでしょう。社会的な不正が行われていたり、格差があったり、基地があったり、具体的な社会問題が入り口になる。でもこの本は、どちらかというと、そういう問いは前景化されていない。極端な言い方をすると「女性ホームレスをなくそう」とは一言も書いていないですね。もちろんそういう問題意識があるんだけど、それよりも、人びとがどうやって生きているのか、ということを、真摯に理解しようとしている。

丸山　「なんとかしなきゃ」という問題意識があるから現場に入ると、岸さんは今おっしゃっていましたが、私はそもそも社会問題を解決したいという発想は薄いんですよね。それよりはもうちょっと現実を知りたいとか、当時は女性のホームレスの人から、女性の先輩としての生き方を聞きたいという興味の方が先にありました。こんな研究をしていると、有効な政策について質問されるんですけど、ホームレスや貧困はどうやったらなくなりますかとか、そういう質問にはいつも困ってしまって……。もちろん(対策や政策について)言わなきゃいけない場面では言ったりもするんですが。

岸　丸山さんは女性の貧困に対して政策提言をしたり、イベントをされたり、活動団体ともつながりつつ、現場で仕事をされている。

丸山　まぁ、そうですね。女性野宿者の支援団体をつくって活動したり、少しは……。

岸　少しは、じゃないでしょう！　でもそう言いたくなる気持ちはわかる。なんか、ぼくたちの仕事って、「すぐに役に立ちます！」って言いづらいんですよね。おこがましいというか、そういうアピール自体が非常に不遜です。

丸山　貧困研究をしているって、私は周りから思われがちで。

岸　しているじゃないですか(笑)。

丸山　でも自分では、「処方箋」を出すタイプの貧困研究をしているという意識は薄い。

貧困がたまたま対象だけれども、私の研究で直接的に貧困という社会問題を解決できるという言い方をするのは難しいです。ホームレスをなくすための政策はと聞かれても、そもそもなくならないといけない存在なのかという、その手前の部分で詰まってしまう。そもそも現実に生きている人の存在を社会問題だと言うこともおこがましいし、その人たちがどういう生活をしているのかも知らずに、問題を解決しないと、といえるほど自分はえらいのかという、そこでまず引っかかってしまうんです。そこをじっくり考えることなく、まずはじめに社会問題を「解決しよう」として調査に入ると、調査しなくてもわかっていることしか出てこないと思うんです。

岸　難しいな。だから臨床的というか、改善を目指す知の在り方と、ぜんぜん違うことをしているんですよね。改善ももちろん大事ですが、それより先に、「理解」したいじゃないですか。そこで人びとがどうやって生きているのかを。

丸山　うんうん。

岸　一般的に研究者に求められる役割って、「資本主義を乗り越えよう」みたいな、大きなことを言うことなのかもしれない。でもこの本を読むと、ここで描かれたディテールを通じて、人びとはそこで生きているんだな、ということが直接伝わってくる。人はそれぞれのところで、みんな、生きているんだなと、ものすごく感じる。

その辺が生ぬるいって批判する人もいるかもしれませんが。でも女性ホームレスをひとりでもなくそう、みたいな発想しか持たずに現場に入ると、ここまでの語りは得られないだろうなと思います。これは実際の支援をすることと両立しうることです。

例えば、被差別部落の聞き取り調査をしている齋藤直子さんは、実際に部落の結婚差別にあった人の相談を受けるNPOの活動をしている。若年出産した女性たちの調査をしている上間陽子さんは、最近ご自身でシェルターをはじめた。

調査をすることと同時に、具体的な支援をすることは、何も矛盾しません。むしろ、実際の現場に入っていくと、つながりが出来てきて、支援や活動に関わることも求められていきます。だから、だいたいの社会学者は現場で何か具体的な活動に関わってると思いますよ。それはそれで自然にやっていく。でも社会学の本の中では、理解することを一番に描きたいですよね。

丸山　それはねぇ。だから社会学、直接的にすぐ役立つような学問じゃないんですよ。

岸　本当につくづく思いますよね。役にたたない……一体何なんだ、俺たちはと(笑)。最近、臨床系の人らと話すことがあったんですが、やっている仕事がぜんぜん違うなと。でも、そこで開き直ってもあかんとも思うんです。やっぱり役に立てたほうがいいことはいい。まあ、結論が出ない話ですけどね。

人は矛盾を抱えて生きている

岸　丸山里美さんの研究のベースには理論的な指向性があるなと。やはりジュディス・バトラーが一番でかいですか。それは研究の初期のところで出発点にあったんですか？

丸山　この本ではそうです。バトラーの理論とつなげて考え出したのは後の方かもしれません。やっているうちに必要になってきました。あとはゼミの影響が大きかったかもしれません。当時所属していた松田素二さんのゼミは、各々がバラバラの場所でフィールドワークをしてたんですが、マイノリティの人たちを研究対象にしているとみんな人の行為や主体性をどう捉えるのかということに関心が集中していくんですよ。見ている現実はみんな違うんですけど。

岸　この本を書く時に何を書きたかったんですか。一番。何が書いてあるんだと思いますか。

丸山　難しい質問ですね……。

岸　いろいろ考えるんですよね。ぼくらは、人の行為について書くわけじゃないですか。社会学者でもいろんなタイプがいて、「○○型社会から、○○型社会に変わったのだ」とマクロなことをいう人もいますよね。そうした人とくらべると、ぼくたちはチマチマしているというか。

個人の行為を、人々は何をしているのかを書く。でも一方で、何を題材にしてもいいわけではない。ホームレスのことや被差別部落のことを研究することを選ぶわけですよね。そのことについてどう思いますか。

丸山　難しいですね。でも私、岸さんみたいな感じでは選んでないかもしれないですね。女性ホームレスをやってなかったら被差別部落をやっていたのかと言われると、そうでもない気がする。でも私はチマチマしたところにしか、関心が行かないんですよ。たぶん、人にしか関心が向かないですね。制度とか社会全体とかに関心が向かない。

岸　そこにはちょっと言わせてもらいますけど(笑)、そんなにたまたま選んでない気がしますけどね。関心は社会的なものにあったんだと思いますよ。人間の行為に興味があって、そこを聞きたいんだなというのは。

いま、沖縄戦の経験者に聞き取り調査をしています。その中に、集団自決の生き残りの男性がいました。手榴弾三つくらい真ん中に置いて、みんな親戚で輪になって自決された。その方はまだ一〇歳くらいで。身体が小さくて後ろの方にいて、自分だけ生き残った。その時、一緒に亡くなった弟さんの話をして、途中で嗚咽をもらして、会話が止まったようなインタビューでした。

でもそこで同時に「基地に賛成だ」という話もしていた。日本に対する反発もとてもある。でも米軍基地が沖縄の人に飯を食わせてくれたから、と言うんです。だから基地に反対じゃないと。ここで「どうすべきか」とかよりも、「人間ってこうだよな」っていうことが書きたいんです。

丸山　すごくわかります。

岸　そうなんですよね。規範的な議論に回収したくない。

丸山　人ってだいたい、私自身も含めて矛盾を抱えて生きているものじゃないですか。私はそういうのが見えた時に人間らしさを感じる。それが単に好きなんですよね。

岸　まあ、ぼくはナイチャーとして、いわばマジョリティの立場として沖縄のことをやっているんで、そこはあんまり楽天的になれないというか。語りを理解した上で、ナイチャーとしてどうすべきかという規範的な話をしなければならないと思ってます。公園をポジティブに意味づけする女性ホームレスがいる。沖縄戦を経験しながら、米軍基地を容認する沖縄の人もいる。まずは、そこで慌てて規範的な議論に回収せずに、そこで生きている人びとの行為選択の、その人なりの「理由」があるはずなので、それを理解したいと思う。

そして同時に、やはり貧困や基地をなくしてくことも考えなければならないんです。でも単純にいうと、人間の複雑さに出会ったときに、そこで「唸る」んですよね。

丸山　ああ、そうですね。

岸　面白い、ってつい言っちゃうじゃないですか。さっき丸山さんが学部生時に「釜ケ崎が楽しい」と言っていたのと同じ感覚だと思います。funnyの面白さじゃなくて、かといってinterestingってほど知的でもないし。他にぴったりくる言葉がないから、しょうがないから「面白い」と使っちゃう。でもまぁ、面白いんですよ。しみじみする感じ。あーって唸る感じの。これが人間なんだな、と思うような。

質的調査って、「一概に言えなくしていく」作業だと思うんです。『女性ホームレスとして生きる』に出てくる女性たちも、公園を受け入れたという語りをしているんだけど、やっぱり読んでいてハッピーな話ではない。けど、この人にとっては公園が居場所になったんだなとわかる。

丸山　簡単に理解できない、矛盾した語りとかに出会った時に、人間の深みを感じますよね。だからこそ、そこをもうちょっと掘り下げて考えたい気持ちが生まれるのだと思います。

これまでの研究は「男性ホームレス研究」だった

岸　本の増補のところにも書かれていましたが、いま女性の貧困の形が変わってきているんですよね。

丸山　この本の初版を出して以降、貧困支援をするＮＰＯ「もやい」で調査をしました。そのとき統計には出てこない問題があるのだと感じました。私はそれを「世帯の中に隠れた貧困」と呼んでいます。

貧困は世帯単位でカウントされるのが一般的です。そうなると夫に収入がある場合、例えば専業主婦の女性が経済的ＤＶを受けていて生活費をもらえなくても、今の測定方法では貧困とカウントされません。そもそもの貧困の捉え方自体も、ジェンダーバイアスを問題にしないといけないと思うようになっています。

岸　統計には上がらない、目に見えない貧困があるんじゃないかと。ジェンダーの視点を入れると、本当になにもかも変わるなと思います。この本でも、これまでの「ホームレス研究」が、あくまで「男性ホームレス研究」であったと批判していますよね。それまでのホームレス研究はどういうことを言っていたんですか。

丸山　研究史の大きな流れとしては、まずはスラム研究からはじまって、そこにいる人たちは「かわいそう」「改良されなければいけない」と言われて来ました。でも八〇年代あたりから、次第にそこに住んでいる人たちにだって主体性があり、人間で、ちゃんと生きているのだという議論が生まれます。この人たちも働いていて、怠け者ではないのだと、労働者性や強い人間主体が強調された。それがホームレス研究にも引き継がれ「ホームレスのおじさんだって働いている」「主体的に社会に抵抗しているのだ」と言われていました。私が現場に入ったのも、ちょうどそういう時代でした。ホームレスの人のことは「野宿労働者」と呼ばれていたりしました。

でも私は違和感を覚えていました。現場で見てみると、確かにそういう人もいるけど、そうでもない人もいるなと。働いていない人もいるし、働けない人もいるし、女性もいる。そこから落ちこぼれていくものの方が気になった。

岸　あの人たちは立派に労働しているから「野宿労働者」ということですよね。でも一方で、この人たちが立派な人間だと言うときに、その根拠が労働になっているとも言えます。労働に還元している。でもここにジェンダーの軸を入れるとガラッと変わっていく。

丸山　女性が労働していないわけではもちろんないのですが、そもそも女性には労働が期待されていなかったりする。これまでの研究では、労働に加えて本人たちの「抵抗」にも還元してきました。

岸　人間を疎外する資本主義に対して、勇敢に抵抗する野宿労働者……のような描き方でしたよね。こういう言い方は難しいですが、なんというか、理論がマッチョですよね。でも女性ホームレスはそんなふうには生きていないと丸山さんの本を読めばわかる。結局のところ、男性ホームレスに対する描き方としても一面的だったのかもしれない。特に女性ホームレスの生活をつぶさに見ていくと、はるかに複雑なことをしているのがわかる。

問いの前の問い

丸山　今日ぜひ、岸さんにお聞きしたかったことがあって。去年、日本社会学会のシンポジウム（第九三回日本社会学会大会「フィールド調査は何を「問い」にできる／できないのか？――社会調査のパンドラの箱を開ける試み」）でこんな話になりました。われわれは、問いを中心に研究の論文を書かないといけないわけですけど、その問いが立ち上がってくる以前に、その問いを決めているもっと個人的な感性のようなものがあるのではないか。それは研究の中では書かれないんだけど、研究の方向性を大きく決めているんじゃないかと。

それはすごくよくわかる感じがする。そういうことで言うなら、私の場合、たぶん運動的なものに乗り切れない自分がいる。だから「野宿労働者」と言われた時に、そう言うことの大事さはわかる半面、そこに自己同一化できない居心地の悪さを感じていて。運動的なものから取りこぼされるものが気になってしまう。そういう「問いの前の問い」があるんですよね。

私はセクハラにあった経験がすごく自分の研究の方向性を決めていて、当時はすごく調査に失敗した、自分には能力がないと思いながら調査を進めてました。だから女性ホームレスの人たちの、「物事を決められない」感じがものすごくよくわかる気がしました。私も自分に自信がなくて、調査の依頼すらできず、物事を自信を持って決めていくことができない個人的な経験があったので。だから女性ホームレスの中のその部分に敏感に反応したという感じがしている。

シンポジウムの司会をしていた金菱清さんは「センサー」という言葉を使っていました。

そこに反応する私のセンサーが、そうした問題を捉えたのではないかと言われて、改めて気づきました。岸さんの問いの前の問い、センサーは、どのようなものなんでしょうか。

岸　えーっとね、「独り」ってことだと思うんですよね。最近取材を受けたり、生活史って何って聞かれることが多くて、この歳でやっと初めて考えたことなんだけど。

ぼくの最初の本『同化と他者化』(ナカニシヤ出版)は出稼ぎの本です。沖縄から東京に本土就職に来て、また沖縄に帰る話。自分のふるさとから一人で出て、一人で生きて、一人で帰ってくる。そのあとの、『地元を生きる』(ナカニシヤ出版)で書いた話も、共同体から離脱する話だったんです。

考えたら自分って、生まれたところから出て、大阪を選んで移り住んで、大阪に来たら沖縄にハマっていって、共同体の濃いとこ、濃いとこに流れていくんだけど、けっきょく自分が書いているのって、小説もふくめて、一人になる話なんですよ。

生活史って聞いていて寂しくなる。最近出した『東京の生活史』(筑摩書房)を読んだ方が、「読んでいて寂しくなりました」って言っていて、めっちゃわかるんですよね。八〇歳、九〇歳の人が、生まれてから、こういう家族で、こういう学校にいって、こういう仕事をして……。結局、全部別れの話なんですよ。親も兄弟も配偶者も最後には死ぬ。犬飼ってて、その犬も死んでいく。その語り手の人は元気で、子どもや孫に囲まれて、幸せに生きているんですけど。なんか生活史を二時間、三時間聞くとね、けっきょく目の前で喋っているその人が一人、残っている感じになる。共同体の濃いところに行っても、けっきょくそこで個人の話を聞いているなと思う。

みんな一人だなと。自分が社会学者として失格だと思うのは、中間集団やネットワークや共同体があんまりよくわからない。だから、みんな一人やねん。

丸山　しかも、集団の中にいる一人、ですよね。都会の中にいる一人。それは岸さんの小説とか、いろんな作品に通底している気がしますね。

岸　社会学者は立派な社会科学だと思うけど、それぞれの視点からみて表現していることがあるんですよね。研究もひとつの「表現」なんですよ。

丸山　そうですよね。

岸　丸山さんとこういう話するの初めてやな。そうか、丸山さんは、「物事を決められない人」の話を書いているんですね。

丸山　自分ではそういうつもりだったんですけど、この本について、女性の主体性や戦略を書いたように評されることが多くて、私そんなの書いたかな？と思ったりするんですよ。

岸　公園に居場所を見出していく話だし、「生活戦略」のような感じの言葉を使いますからね。ぼくもそうした言葉を使っちゃうし。やっぱり、「かわいそう」か、「たくましい」か、どっちかになっちゃう。完全にどっちでもないような言語ってまだないんだよな……。

どっちかに回収されてしまう。自由か構造かのどっちかに。そうか、でも丸山さんが主体性を書いたとは思わないですね。あれだけホームレスの主体性に関する議論について批判しているのに（笑）。

丸山　（笑）。

岸　そう思うと、ぼくも誤解されていて、断片的なディティールが好きな人だと。「かけがえのないものに、神がやどっているんですね」みたいな感想を言われる。そんな話には全然興味ない（笑）。かけがえのないものや、ささやかなもの、チマチマしたものに全てがあるんだというのは、それはそれでロマン主義な気がする。非常に凡庸なストーリーですよね。

だからぼくは構造の中の孤独、全体の中の個別が好きなんです。丸山さんの本が好きなのは、それが書いてあるからですよね。構造的条件をきちんと書いて、その中でなんとか生きている女性、選べなかったりもするし、施設に入るけど戻って来たり。なんか「責任」ってところに行きつくと思うんですけどね。丸山さんの本って。

丸山　責任ですか？

岸　例えば、自分で好き好んで公園に帰って来てしまう人。さっき危険な面もあると言ったのは、なんの説明もなしに、その話だけ聞くと、「この人たちは自己責任だ」と思う人がいるかもしれない。そして生活保護あげる必要ないじゃんという話になる。今が最高と言うなら、ずっと公園にいたらいいじゃんと。でもそうじゃない。むしろ逆ですよね。

社会学者が「責任解除」をすること

丸山　責任といえば、今日電車の中で、國分功一郎さんと岸さんとの対談(「討議　それぞれの「小石」――中動態としてのエスノグラフィ」『現代思想』二〇一七年一一月号)を引っぱりだして読んだんですけど。

岸　おお、責任の話してましたね。

丸山　すごく面白かったです。お二人の人の行為の捉え方に、近しいものを感じました。人の行為ってその人の意志に還元されるものではない。もっと偶発的に決まっているような感じがしているんですよね。それなのに、その人が自分で選んだからといって、責任をかぶせることに無理があるんじゃないか。そこはよく分かります。その行為の微妙なところを書きたいというか。

岸　現場に出ていく社会学者は、極端にいえば「責任解除」をしていると思うんですよ。解除というと、偉そうな言い方になるんですけど。この人らにもそれなりの理由があるんだよ、と言いたいなと思うんですよね。

だから、ぼくらがエスノグラフィーを書く時には、調査対象者にはみんな理由があるんだよと書く。沖縄の人のなかに、基地を容認する人がいるのも、当然理由がある。たとえば孫が大学に入るときに、公共事業がなくなったら困るという建築関係の人もいる。だから当然、立場によっては基地容認の選択をしてしまうこともあるのですが、だからといって「沖縄の人びとが自分たちで望んで基地を置いている」という言い方はできないはずです。

それぞれの人がしている選択は、当たり前だけど、理由があるわけで、そこを書くのは、自己責任からどれくらい離せるのかということをやっているんだと思うんです。

でも國分さんとズレたところもあって、彼はわりと責任解除の話が多かったのですが、ぼくは一方で、マジョリティとしての研究者は、ある種の責任を負うべきだと思っている。負うべきというか、負わされるのではないか、と。マジョリティって言葉は簡単に使いたくないですけど、じゃあ、沖縄に基地を容認する人もたくさんいるからといって、研究者本人も基地に反対しなくていいのか？と思ってしまう。そこは基地を沖縄に押し付けている日本人としての責任が発生するのではないか、と。基地を沖縄に作ったのは個人としてのぼくではないのですが、日本人の研究者としては、ある種の「連帯責任」がそこで発生するんじゃないかと。

丸山さんは女性の貧困を書く時に、女性としてある種の純粋さで入れるところがあると思うんです。でもぼくは男性で、内地の人間として沖縄に入って書くわけだから、純粋な面白さで書いたらあかんのちゃうかと。負わなあかん責任もあるんちゃうか。

最近、加害者の理解について考えています。もちろん、加害、被害は簡単には分けられないんですけど、例えば嫁にＤＶしているおっさんの生活史をじっくり聞いた時に、同情してしまわない自信がないというか。このおっさんは、おっさんなりに辛かったと書きかねない。どこかに線引きしないと、と思いつつ。線引きすることが社会学者として正しいのかわからない。

丸山　それは「問いの前の問い」というか、政治的なスタンスとして、調査の前に決まっているわけですよね。それは仕方ないのでは。

岸　社会学者として線引きしていいのか。要するに、こいつは理解するけど、こいつは理解しない、ということにもなりかねない。そうやなぁ……内地、沖縄ってもうスッパリ分けられないんですけど。でも純粋に人間の行為ってこうだよね、と全責任を解除するところには行けない。なんか怖い。

丸山　そうですね。

岸　そこを開き直っていいのか。ややこしい話やけど。加害者の理解ができるかどうか問題って、今まで話していても理解されていない気もするし、答えが出たこともない。

語りを理由に還元しない

丸山　聞きたいことがあるんですが、いいですか。岸さんは「行為には理由がある」とおっしゃっていますよね。しかし岸さんが『文藝』に書かれた論文(「聞くという経験」二〇二一年冬季号)では、自分の院生に、行為の理由を聞くなと指導しているとありました。意外な感じがしたんです。私の場合、理由は自分も聞いているし、理由を聞いた方がいいんじゃないかという指導をしていて。

岸 あれはね、理由を聞くなというのではなく、まとめるなってことなんです。理由はもちろん聞くんですよ。それはそうなんだけど、例えば、「あなたにとってズバリ、路上とはなんですか?」みたいな質問とかは、あんまり意味がないんじゃないかと。

『東京の生活史』では一五〇人が一五〇人に話を聞いたんだけど、経験者がほとんどいなかったので、説明会をたくさんした。その時にお願いしたのは「あなたにとって、ズバリ東京とはなんですか」と聞かないでくださいと。それはその場で考えた凡庸な言葉しか返ってこないわけ。人間って、普段から、俺にとって東京ってなんだろう?と言語化しないわけでしょう。生い立ちから生活史をじっくり聞いていってはじめて、辛かったんだな、楽しかったんだな、それなりに居場所をつくってきたんだなとわかる。

だからぼくは後から気づいて自分で笑ったんだけど、『同化と他者化』の本の中で、なんでUターンしたのかは一切聞いてないんです。ふつう院生がいまやったらダメだしされると思うんですけど(笑)。

丸山 まぁ、ふつう聞きますよね(笑)。

岸　そういうのは、長い時間かけてじっくり聞いていくことで、やっとこっちがわかることなんじゃないかなって思うよね。でも調査をしようと思ったら、相手に言わせることは絶対に必要で、論文の査読でもひっかかるところですよね。こっちが理由を解釈しても、「語り手が語っていない」という理由で、論文の査読に落ちたりするわけ。「それは解釈であって、経験的データじゃない」って言われる。歯がゆい感じがして。

例えば離婚した人がいて、なんで離婚したんですかと、その場で聞くことはあるかもしれないけど、それを明確に言語化している人はいないと思うんだよね。なんで沖縄にUターンしたのかについて、理由はたくさんあると思うんですよ。だからぼくが言っている「すべての行為には理由がある」というのは、それくらいの幅の大きい話をしたくて。特定の要因や原因を聞くなと言っている。

丸山　では理由を質問するなということでもない。

岸　ないない。理由は聞いてもいいけど、全体を聞いて、こっちが解釈する感じ。そのものずばりの答えを聞くならアンケートでええやんと。

丸山　私も同じように思っています。基本的には理由を聞くんですが、そこで語られた理由に還元して解釈しないというか。例えば本の中に出てくる話ですが、夫と公園で生活をしていたあるホームレスの女性が、夫が拘留されてる間に、生活保護を受けて一人で施設に入る一大決心をする。その時彼女は、頑張って自分で主体的に選択したのだという語りをするんです。でも半日で施設を飛び出して、公園に戻ってきた夫と暮らします。

このシーンについて、院生の方に批判されたことがあります。彼女が主体的に決めたんだという語りを無視して、夫との関係が行為の理由として重要なんだと私が書いていると。批判はその通りなんですよ。でも一方で、私は彼女の語りだけを聞いていたわけじゃない。半日で公園に戻ってきて、また夫と暮らし始めたという全体を見ると、一場面の語りよりは、行為の方を重視して見てしまう。人の語りは、理由には還元できない。

岸　できないな。

丸山　これも岸さんに聞きたかったんですけど、インタビューだけで調査をするイメージがつかなくて。私はフィールドワークをしながらインタビューもして、語られていない背景も含めて解釈して書いてきました。インタビューだけでは難しいと感じている。でも岸さんは生活史、しかも一回の語りで書きますよね。

岸　そうですね。ぼくはワンショットサーベイが多くて、一回聞くと二度と会わない人が多い。でもその代わり数を聞くんです。生活史の語りが一番面白いのだという信念と自信はあるけど、生活史だけでは何もわからないとも思います。人の語りの中にすべてがあるとも思わない。

それに生活史だけではやっていない。『同化と他者化』では、いろんな資料を集め、どのような戦後の歴史の中で人びとが生きているのかを書いた。当たり前だけど、特定の問題に対して、とにかく勉強して詳しくなることだよね。丸山さんだったら女性の貧困、ぼくの場合は沖縄の戦後史に詳しくなる。研究者は総合的に詳しくならないといけない。だから、その分野の歴史や背景も知らず、調査を始めたばかりの院生さんがちょろっと生活史を聞いて、ちょろっと書こうとすると書けないと思う。

論文を書くことは、自分の作品を書くことと同じです。語りをたくさんいただいて、自分の表現をしないといけないわけですよね。その時に特定の問題について詳しくならずに、人の語りだけ書くのはおこがましいというか、そんな不遜なことは無いと思うんですよ。

丸山　そうすると、『街の人生』(勁草書房)みたいなものは、研究とは切り離された仕事なんですか。

岸　それを言われると非常に困る(笑)。どっちかではない。繰り返すけど、生活史の語りはめちゃくちゃ面白いと思う。だから「生活史モノグラフ」も書きたい。生活史の語りがただ並んでるやつね。『東京の生活史』も『街の人生』もそうやし。とにかくこれ面白いから読んでっていう感じで作ってます。

でも同時にぼくは沖縄の研究をやっている。そのためには沖縄の社会学的な先行研究のなかに自分の研究を位置づけながらやってます。生活史以外の歴史的資料や統計データも使う。

だから、なんていうか、「ナラティブとかライフストーリー専門の作家」にはならへんわけ。なかなかきわどいところで、社会学者でいる。自分でも偉いなと思う(笑)。今は沖縄戦の研究をやっていて、生活史の聞き取りをしながら、沖縄戦のいろんな資料を織り交ぜながら書こうと思っています。

丸山　生活史でも構造として把握できるくらいのインタビュー数をとって、その中で全体像を描きながら理解していくと。

岸　そうですね。二〇〜三〇人に聞かないとわからないと院生には言っている。さっきの、「なぜ公園に戻ってきたのか」という問いも、その時の日本社会全体の状況やジェンダー規範の在り方とか全部わかっていないと、書けないですよね。

なんだろうな、「理由を本人に喋らせる」ロマン主義がある気がする。「理由は本人にしか喋れないはずだロマン主義」なのかもしれないし。そうすると、当事者にしか分からないという話になってしまう。でもエスノグラフィーや参与観察を長いことしていたら、こっちにも書けることがあると思うわけじゃないですか。本人が言ってなくても。だからこそ「研究者」という存在が必要とされるわけで。

語りの矛盾や飛躍こそもう一度聞く

岸　せっかくなんで、会場の方から。

齋藤直子　この分野は素人なんですが……。

岸　こわいなぁ、やめて(笑)。

丸山　(笑)。

齋藤　質問というより、感想ですが。社会学をやっていると、多分に政治的なところがあるなと普段感じていて。この間も、あるセクハラ裁判の意見書を社会学の方が書いておられたのを読んで、素晴らしいなと思った。社会学はよく役にたたないと言われると思うんですけど、裁判の時に、例えば法学とは異なる意見書を書くと思います。

法学の人だったら、こういう行為をされたら普通こう行動するでしょうと、これまでの判例などの積み重ねからの一般論になると思うんです。でも人の行為について考えてきた社会学者は、人にはこうした例外的な行為をする場合もあるのでは、と裁判を引っくり返すような仕事もできるんじゃないか。そして意見書を書く時に、社会学者はセクハラ加害者の意見書は書かないですよね。被害者の方を書く。そこでかなり線引きをしていて、政治的な立場が明確になっているんだなと思います。

あと聞き取りの時に、私も理由は聞かないけれども、ある行為をした話が出たら「その時、どう思っていましたか」とは聞くな、と思います。理由は聞かないけれど、出来事を出来事のまま捉えているわけでもないなと思いました。

丸山　政治的なスタンスが調査以前に決まっているというのは、私は当然だと思ってました。だから岸さんがそこで悩みを抱えているのが意外でした。特にわれわれ質的調査者なんて、自分の個人のセンサーにひっかかったことしか仕事としてできないじゃないですか。そもそも、自分の信念や政治的なスタンスも、自分のセンサーのひとつなわけで。そこは開き直っているというか……(笑)。

理由を聞くか聞かないかについて付け加えると、私は複数回話を聞いていて、院生にも複数回インタビューすることを勧めています。理由って行為の説明としてあとからつけられるものなので、複数回インタビューすると矛盾が出てきたりするんですよね。そこが面白いと思っています。容易には理解できない、矛盾や飛躍がある場合、そこについてもう一回インタビューしたりすると、そこからより深い理解に到達することがよくあります。

あとは、ある行為を選択したと聞いた時に、「○○という方法もありましたが、なぜ選ばなかったのですか?」と、それ以外の選択肢を選ばなかった理由をあえて聞くこともあります。その選択肢の周りの世界が見えてくるというか。

岸　ぼくが言っている理由って、原因や要因と勘違いされるんです。そうじゃなくて、理由というのは状況なんですよ。

丸山　うんうん。状況ですね。

岸　だよね。だから要するに、さっき齋藤さんが、社会学者が裁判で書いた意見書が非常に良いものになった実例を挙げていたけれど、それは社会学者、あるいは人類学者でも、フィールドワークする人は「状況の中の行為」を書いてきたからですよね。

例えば性被害にあった人が、その時は恋愛として処理してしまうこともある。そして女性ホームレスの人が施設に入っても次の日には公園に戻ってしまう。そしてそれを、自分の主体的な選択として語る。でも人間ってそういうことするんだよと、ぼくらはひたすら書いています。そこから、ひとつの人間の理解が生まれるだろうなと。だからこそ、裁判の被害者側の、性被害にあったときにこうした行動をしてしまうけど、この人の責任ではないという意見書にもなりうるわけです。そういうぼくらがやっている形の遠回りの理解が役に立つことがあるんだろうね。いい話やな。

丸山 本当にいい話ですね。社会学者が役に立つと信じられる数少ない領域といいますか(笑)。

岸 数少ないな(笑)。やっぱり責任解除をしていくという。

丸山 DVなんてまさにそうですよね。単なる夫婦間のケンカだとそれまで考えられてきたことを、それは夫婦間でも暴力で問題なんだと女性たちが読み替えてきた。そういう新しい状況の定義をすることは社会学が活躍できるところですよね。

岸 言葉を与えることはしていると思いますよね。こういう状況で人はこうするんだよと。これは心理学でも同様で「共依存」という言葉が出来たことで見通しが良くなったりしていますから。

理論がないと何十人聞いてもわからない

丸山　院生を指導していて困ることのひとつに、インタビューの代表性の問題がありま す。質的調査を教えていると、われわれは量的調査と違って数少ない対象しか調査出来な いわけで、どうやって代表性を考えたらいいのか。

うまく言えないんですが、私は基本的に、質的調査では代表性なんて考えなくていいと 思っている。でも院生の研究計画を見た時に、この計画だと代表性が問われるから良くな いなと思うものがあるんです。そこをどう説明していいかわからなくて。

岸　これは、三時間くらい時間欲しいな……(笑)。このことについては、二周くらい考 えが回っていて、ちょっとこの短時間では説明できない。でもベタな話をすると、二〇〜 三〇人話を聞いていくと、代表性の問題ってあまり関係がない。こういう状況でこういう ことを人がするんだなと見えてくる。

丸山　それは感覚としてわかります。

岸　ぼくらってそんなに自由じゃないし、そんなにランダムに生きていない。多様性は あるけど、そんなに個人はバラバラではなくて、似たような状況にいる人はだいたい似た ような事をするんですよ。ぼくらは自由にバラバラに生きているんだけど、構造に規定さ れているんで。ある程度の人数を聞くとなんかわかってくるというか。

丸山　それはどんなテーマでも二〇～三〇人？

岸　それは、いろいろなパターンによって違うでしょうね。これは、すごいしょうもない、誤解を招きかねないので、ただの世間話として聞いて欲しいんですけど、Twitter（X）にアンケート機能ってあるでしょう。あれ、面白いからよくやるんですよ。駅とかショッピングセンターみたいなとこの、公共のトイレのウォシュレット使うか使わないかを聞いてみて、七割が使わないのでびっくりしたんだけど（笑）。あれって、スタートして一〇名くらいで、三割と七割で固定するんですよ。あと一万人くらい答えても変わらない。質問が単純だからできるんですけどね。人間ってひょっとして一〇人くらいやればわかるんかなと、思うこともある。

丸山　院生によく「何人くらいにインタビューしたらいいと思いますか？」と聞かれるんですけど。

岸　言われるよね。わからんよな。

丸山　わからないですよね。

岸　だから、二〇～三〇人という数字設定は勘です。根拠があるわけではない。でも一万人に聞く必要はないと思う。でも二桁聞くとけっこういろんなことがわかる。

丸山　岸さんの『同化と他者化』を読むと、すごく納得させられるものがあります。だけど、じゃあ院生がランダムに四〇人にインタビューしてきたら、それで構造が捉えられるのか、とも思う。

岸　代表性については、『社会学はどこから来てどこへ行くのか』(有斐閣)で量的調査をする人と喋っていたときに痛感したことがあります。量的調査は、確率の概念に基づいてやってる。例えば母集団からバイアスなしでサンプルを抜き出す、そしてこんどは逆にサンプルから母集団を推定する。これが代表性ですよね。これは確率という概念が基になっていますよね。この確率で、この範囲なら言えると。

質的調査にはそうしたものがない。でもそのかわりに「理論」があると思ってます。だから理論の勉強を相当しないと、何人聞いても分からないと思う。例えば、『同化と他者化』でいうと、「差別されたことがありません」と言っている人がみんな本土就職からUターンして帰ってくる。それがなぜか知るために、マイノリティにとってアイデンティティとはなにかについて相当勉強した。その理論を確率概念の代わりに使っているところがある。

書けないのは理論がないからです。大きな自分のテーマや対象があって、自分のデータがあっても、その間をつなげる理論がない。だから院生にはちゃんと古典を読みましょうと言っている。ブルデューなりなんなり。それをそのまま当てはめたらいいかんけど。丸山里美の場合は、ジェンダーの理論から女性ホームレスを見たから、この本が書けたわけでしょう。

丸山　バトラーとギリガンですね、私は。

岸　そうした理論がないと何十人聞いてもわからない。いまうちの院生で、沖縄のシングルマザーの聞き取りをしている人がいますが、家族社会学の理論についてかなり幅広く勉強している。沖縄のことだけ勉強してても何もわからないんです。

やはり研究をするには、興味の範囲を広げてどれくらい読めるのか、インプットできるのかが勝負です。みんな横に広げませんよね。テーマが大事な人ほど、テーマに引きずられてしまう。特にテーマが深刻な社会問題だったら、有効な支援策を考えたくなって、バトラーやブルデューなどは読んだりしない。

ぼくがいる立命館の先端研(対談当時)は、社会学研究科ではないので、社会学者になれとは言えないんだけど、なんでもいいから自分で、人類学でも哲学でもなんでもいいから学問のジャンルを決めて、愛着を持ってほしいと言ってます。自分がやっているテーマが沖縄の出稼ぎだったら、沖縄の労働力移動だけを調べてみても、先行研究がちょっとしかない。でも社会学が好きになって、「丸山里美さんの新刊出てるじゃん。読もう」ってなってほしい。そうしないと理論っていうものが身につかない。……めっちゃ説教臭い話してるやん、俺。何やねんな(笑)。だんだん大学院の指導の話になってきましたね……。

丸山　でも理論が先にあるとフィールドワーカーとしてダメじゃないですか。一方で、理論がなくてもダメという。

岸 その通り。「現場と研究室の往復が大事」と、凡庸な言い方になってしまいますが。ぼくも、沖縄で一〇年くらい聞き取りしてやっとマックス・ウェーバーがわかるようになった気がします。あの『理解社会学のカテゴリー』なんか、学部生の時に読んでもわからないわけですよ。「行為には理由がある」って書いてるけど、当たり前やろ！　と。でも沖縄で調査をして、自分が書く側に回った時に、行為には理由があるんだよ！　そうだよ！　そうだよ！　とめっちゃ感動した。だから往復しないとわからないです。

丸山 そうですよね。フィールドワーカーは調査をして、想像すらしてなかった現実が出てきたときにこそ、そこを掘って行きたくなる。でも他の分野の方の研究と接する機会があると、理論ありき、結論ありきで、その研究者の主張したいことに合わせて、調査をしてるように見えてしまうこともあって。

岸 増補版のところで、女性の貧困の状態が変わっているので、この本の内容も古くなっているのではと書いていましたよね。でもぜんぜん古くならないと思いますし、普遍的なことが書いてあると思うんですよ。もちろん公園で野宿している女性は減っているかもしれませんが、こうした状況に陥った女性がどんな行動を取るのか、非常に普遍的なことが書かれている。

だから、「レアケースだけど、掘っていきたくなるな、面白いな」と丸山さんが感じているものには、普遍性があると思うんですよ。その面白さは、読者と共有できるはず。単にレアケースで個別でしかないものは、ひっかからない。
丸山　ちなみにいいエスノグラフィーやいい質的調査が出来る条件とかあると思いますか。こういう人だったらとか。
岸　ないない。ないよ。この前も、中国の留学生の院生さんからメールで相談されて。「人見知りなんで上手いことインタビューできません」と。「ぼくもです」と返事をした（笑）。ないですよ。それは。どれくらい諦めないかだけじゃないですか。途中で諦めずにしつこくできるかどうか。
丸山　そう。諦めないかは重要ですよね。
岸　丸山さんの話聞いてて、ああ、俺もそうやったとなるんです。最初、うまく現場に入れなくて。ちょっとずつちょっとずつ、オズオズしているんですよね。そこでね、諦めた丸山里美さんが一〇〇人くらいいると思うよ。この本を書くまでね。そこでね、諦めなかった一人の丸山里美が続けてたんだというか。よく諦めなかったなと思う。よく諦めずにここまで来たなと思う。それだけちゃうかな。
丸山　うーん。確かにな。
岸　でもそれは無神経にいつまでも居座って、開き直ってやるんじゃないねんな。明らかに現場でやらかして、嫌われて、やめた方がいいのに続けるのはダメだしね。一概に言えないよね。だからなんにもない。難しい質問よね。齋藤さんはなんだと思いますか？

齋藤　調査者とか研究者一般に言えることだけど、やっぱり素直さですかね。

岸　いいこと言うな。素直さな。そうやな。根がいいとかね。相手も人間やからな、関係性つくってちょっとずつやるしかないもんな。沖縄でめちゃくちゃ叱られた時があって、菓子折り持って謝りに行った。その時に実感したんですよ。これがフィールドワークやと。開き直ったらあかんけどね。

一つの行為に一つの理由、ではない

岸　最後に視聴者の方から質問が来ているので、答えていきましょうか。

Q　理由は語り手が認識しているものか、聞き手が理由として見るものなのでしょうか？

岸　この区別をぼくはしないです。これを言い出すと、「本当の理由をどうやって知るのか」みたいな話になってくる。もうちょっと受け身ですね。相手が思っている理由とこっちが解釈した理由がズレていたらどうするのかと、査読でもよく言われます。でもそういうことをあまり考えた事がない。迷ったことがない。

個々の行為にひとつひとつ理由を当てはめているわけではないんですよ。例えばある人が、一度目にUターンしたときの理由はこれで、二度目の理由はこれで、とやっているわけではない。全体としてこういう状況だったと書きたい。それは穏当な話で、誰でもそうだろうというものになる。

もうひとつは、そんなに語りから離れずに書けるんだよね。それに基本的に本人チェックをしてもらうので。ちなみに逆のことはありましたけどね。こっちの理論に沿って書き直してくれた人がいて(笑)。これはお話して元の語りに戻しましたが。だから、理由っていうのは、もうちょっとスパンが長いというか。

丸山　私だったら、ズレがあったらそこを掘り下げてもう一回インタビューをします。こないだこういう風におっしゃっていますけど、どうなんですか？　とか、こういう解釈も成り立ちますけどどう思いますか？　とか。

岸　調整していくんですよね。一個の行為に一個の理由をつなげるんじゃなくて。丸山さんが言った複数のインタビューというのは、本人と調整していくわけですよね。

丸山　そうですね。

岸　齋藤直子さんも、何を書くにも必ず本人にチェックしてもらってますよね。これも調整ですよね。ぼくの場合はワンショットが多いけど、ひとつの限定したテーマでたくさん聞く。自分が人びとと調整していく感じ。ドナルド・デイヴィッドソンの影響が強いと思いますけど。相互調整としての理解。微調整を繰り返す理解のようなイメージがあります。だから、ひとつ聞いて、理由をひとつ決めつけているわけではないわけです。

丸山　あ、もう二時間経っていますね。最初はとても二時間なんて喋れないと思ったんですけど。

岸　いやいや、まだあと何時間でも(笑)。社会学面白いなー。それにしても、丸山さんの指導教官である松田素二さんが京大に入ることによって、フィールドワーカーがどんどん育っていきましたよね。あと我々が出会った、青木秀男のA研も大きかった。そこから社会学の雰囲気はガラッと変わりました。

丸山　今考えたらそうですよね。この前、面白い研究してるなあと思ってた知念渉さんに連絡を取ることがあったときに、私はおぼえてなかったんですけど、A研で昔会ってたことがあるとおっしゃっていて。いま私が面白い仕事をしているなと勝手に思っている人たちが、若い頃に出会って、相互に影響を与えあって来たんだなと思うと、感慨深いものがあります。

岸　そうですね。社会学の雰囲気が関西を中心に変わったなと思いました。

丸山　今は岸政彦が日本の社会学の見え方を変えてますよね。

岸　いやいや。ぼくなんか全然ですけど。でもいい方向に変わりました。

丸山　変わりましたよね。社会学の雰囲気って。質的調査の地位が非常に上がったと思う。

岸　質的調査をやる人自体はもともと多かったと思いますけどね。だいたい院生は金がないので、みんな質的でやるんですよ最初は(笑)。ただ脚光を浴びなかったですよね。沖縄の生活史っていうと、社会学でも一番地味だった。たぶん東京の社会学者からは、「こいつ、今までどこまでおったんや」って思われている。

丸山　ずっとおるわ、って感じですよね(笑)。

岸　そう、ずっとおる(笑)。

＊二〇二一年一〇月九日梅田ラテラル、丸山里美『女性ホームレスとして生きる〔増補新装版〕』刊行記念トークイベント・丸山里美×岸政彦「それぞれの生活」より構成

第4回
石岡丈昇×
岸 政彦

生きていくことを正面に据えると、
なかなか威勢よく言えない

今回お話しするのは、日本大学の石岡丈昇さんです。『タイミングの社会学——ディテールを書くエスノグラフィー』(青土社)では、マニラの貧困世界(ボクシング・キャンプ、都心のスクオッター地区、人里離れた再居住地)において生きられる「時間」が考察され、話題となりました。フィールドワークに基づいた『ローカルボクサーと貧困世界——マニラのボクシングジムにみる身体文化』(二〇一二年(増補新装版二〇二四年)、世界思想社、第一二回日本社会学会奨励賞)以来の石岡さんの「調査する人生」を聞きます。

「咬ませ犬」ボクサーに話を聞く

岸　本日は、社会学のなかでも気鋭のフィールドワーカーである、石岡丈昇さんとお話しします。

石岡　石岡です。フィリピンの研究をしています。岸さんとは院生の頃からの知り合いです。二〇年以上前、大阪で貧困や差別を調査する「A研」という研究会があり、私自身は関東にいたのですが参加していました。その時に、一番前の席に座っていたのが岸さん。

岸　一番前だったっけ。なんか、偉そうにしているみたい(笑)。石岡さんとは長い付き合いですよね。もう二〇年になりますか。「A研」は都市下層研究の第一人者で、釜ヶ崎の研究をされてきた青木秀男先生の個人的な弟子たちが集まった研究会です。当時は大阪市大に集まって月一でやっていたんですよ。とにかく現場に入り、そこでの経験をどう言語化・理論化していくのか、激しく議論していましたね。

メンバーはとにかく現場にがっつり入る社会学者たちで、石岡さんはフィリピンのマニラでボクサーになった。その時のことを書いた『ローカルボクサーと貧困世界』があまりにも素晴らしかった。

石岡　ありがとうございます。院生でお金もないし、A研の研究会の後には、安い居酒屋の二階に集まって、延々と議論しましたね。あの居酒屋の二階、ちゃぶ台に座布団の部屋でしたが、勝手にビールを冷蔵庫から出して飲むスタイルでした。会計とかどうしてたんだろう?(笑)(※この店については、岸政彦・柴崎友香『大阪』(河出書房新社)五八〜六一頁に詳しく書かれている)　まあ、でも、みんな眼が鋭かった。野宿者とか飯場とか移民労働者とか、貧困や差別の問題を、みんな現場にどっぷりと入って調べてました。酒を飲んで楽しいのだけど、でも下手なことは言えない。そんなことを言ったらすぐに突っ込まれるというような、ヒリヒリ感がありました。岸さんとは、その頃からの付き合いです。

岸　だから石岡さん、そして同じ研究会で出会った女性ホームレスの研究をしている丸山里美さんにも声をかけ、僕も含めた三人で『質的社会調査の方法——他者の合理性の理解社会学』(有斐閣ストゥディア)という教科書を書きました。僕が編著をした『生活史論集』(ナカニシヤ出版)にも石岡さんと丸山さんには寄稿してもらっています。

今日は石岡さんにいろいろとお話を聞いていきたいと思います。まず『ローカルボクサーと貧困世界』について。この本はどんな本ですか?

石岡　簡単に説明をすると、フィリピンのマニラにあるボクシングジムに住み込みをしながら、一年間フィールドワークをした時のことを書いた本です。ボクサーたちと相部屋で共同生活をしながら、同じご飯を食べて、同じ練習をして、一緒に外出して遊んで、といったやり方で調査したものです。

岸　なぜフィリピンのボクサーをテーマに選んだのでしょうか。

石岡　茨城の大学にいたのですが、当時はそのあたりにフィリピンパブがあったり、女性エンターテイナーの人たちがいたりして、フィリピン人コミュニティがあったんです。その中には、ボクサーの方もいました。私自身ボクシングが好きなこともあって、彼らに興味を持ったんです。いわゆる「咬ませ犬」と呼ばれる人たちです。

岸　咬ませ犬?

石岡　ボクサーを育成するためには、実践で経験を積ませることが必要なので、そのために外国から選手を呼ぶんですよ。ボクシングでは体型の違いが大きな差になります。身体が大きく、体重が重い方が有利です。なので体型的には格下だけど、上手なボクサーを連れてきて、日本人と試合をさせる。それが「咬ませ犬」です。

岸　負ける役のような感じですか？

石岡　そうです。日立市にあるジムには、フィリピンからその「咬ませ犬」のボクサーがたくさん来ていました。彼らに話を聞いてみると、フィリピンで試合をするよりは、勝っても負けても手にできるお金が大きいと言います。海外へ出稼ぎに行く機会が自分にも与えられるのであればと、日本に来ていた。

というのも、フィリピンでは、海外への出稼ぎが社会上昇のためのひとつの経路となっているのですが、一定以上の学歴や経済的余裕が必要で、誰にでも開かれている道ではない。しかし貧困層出身者でもボクサーであれば出稼ぎをすることができるんです。その日立市にあるボクシングジムで修論の調査をさせてもらいました。

岸　そのジムはどんなところだったんですか？

石岡　オーナーは日本人で、ジムの経営だけではなく、タクシー運転手もやっていましたね。小さなジムに二〇人ほど在籍していました。ちなみに、後楽園ホールで戦うと一ラウンド一万。一〇ラウンドの試合で、一〇万円という感じです。

岸　一ラウンド、一万円か……。ファイトマネーってもっと高額なイメージでした。

石岡　当時のフィリピンでは、現地で戦うと一ラウンド二千円ですから、五倍くらいにはなるんですよね。ちなみにその後はビザも厳しくなっていて、フィリピン人ではなく、タイ人のボクサーが「咬ませ犬」をやることが多くなっていきます。

岸　そのジムで石岡さん自身もボクシングを始めた？

石岡　はい、そうですね。ジムに通いました。

岸　実際のスパーリングもしてたんですか？　殴られるとき痛くないですか？　なんか素朴すぎる質問だけど……。

石岡　痛いです。それでもボクシングは面白いですね。ちょっと行ってすぐ話を聞いて帰るような社会学にありがちな調査はやりたくなかったんですよね。ですから、まず現場に言ってボクシングをやってみようと。

スパーリングについては、これは日立市の調査ではなくて、のちにマニラに行ってからの話になってしまいますけど、苦い思い出もあります。ボコボコに打たれたというんじゃなくて、スパーリングで結膜炎をもらったことがあるんです。それも重症の。マニラのジムでスパーリングをしたとき、相手の目が結膜炎で充血していて、それに気づかずにスパーをしました。それで、顔面にパンチをもらったとき、グローブ越しに結膜炎の細菌ももらった感じでした。その後、三カ月ほど視界が霞んだままでした。真っ赤な涙目をして毎日過ごしてたら、ボクサーの仲間たちが、お前もこれで一人前のボクサーだ、と笑ってくれました。そのスパーリング相手とは、その後「結膜炎仲間」として仲良くなって、長時間のインタビューなどもさせてもらいました。結膜炎をうつしたんだから、長時間のインタビューに付き合ってくれ、という感じです(笑)。そのインタビューは、のちに岸さんが編集に関わられた『at プラス』という雑誌(太田出版、二八号)の生活史特集の原稿で取り上げました。

岸　とりあえず現場に行って話を聞こうと。現場に入る「深さ」って、やっぱりいろんな段階がありますよね。学部の卒論ぐらいであれば、たとえば調べてる問題における、それこそスポークスマンのような人、つまりすぐにアクセスを受け入れてくれそうなところに話を聞くだけでいいかもしれないですが、大学院でガチの調査をやろうと思うと、どれぐらい中に入れるのかが勝負になっていきますよね。石岡さんの場合は、ジムに入門したわけね。身体で入っていった。

石岡　まず入門する姿勢を見せました。

岸　ジムでボクサーたちと仲良くなって。

石岡　そうですね。英語と日本語を混ぜながら喋りました。あの時はまだタガログ語を喋れなくて。

岸　ぱっと仲良くなれるもんなんですか。沖縄の暴走族の参与観察をしている打越正行さんを見ていても思うんだけど、よく仲良くなるね、ふたりとも……。

石岡　打越さんは例外なので……フィリピンボクサーの調査は出来ても、暴走族の調査は無理です(笑)。

岸　わかるなぁ（笑）。打越さんの調査が伝説になっているのは、遠い国の奥地に行くよりも、内地の人間が沖縄の暴走族に入って行く方が難しいからですよね。まあ、比べてどちらが難しいっていう話じゃないですが、それにしても内地と沖縄っていうのは、壁が厚いから。

石岡　絶対にそうだと思いますよ。フィリピン人ボクサーの場合は、わざわざ外国から取材に来てもらうのは基本的に嬉しいわけです。フィリピンのボクサーに関心を持っているんだなと取材の意図も伝わりやすいですし。取材そのものへの警戒がある暴走族の調査よりも、受け入れてもらいやすい面があると思います。

フィリピン、マニラのボクシングジムへ

岸　そうして最初は日本にいるフィリピン人ボクサーに話を聞くところから調査をはじめたんですね。実際にフィリピンへ行こうと思ったきっかけはなんだったんですか？

石岡　日本だけ見てもわからないなと思いまして。岸さんと同じ（大阪市大の）研究室にいた高畑幸さん（フィリピン研究）が、「関心あったら、私とフィリピンに来てみる？」って、私が修士の時に声をかけてくれたんですよ。

岸　あー高畑さん。高畑さんは、本当に面倒見がいいですよね。

石岡　しかも高畑さんはボクシングが好きとのことで、フィリピンのジムとのつながり

もあって。タガログ語も英語もペラペラで、すごいな、これがフィールドワーカーなんだな、と当時、背中で教えてもらったように思います。

岸　そうそう、ボクシング好きて言うてた。さすがやなぁ。前に、高畑さんと、那覇のフィリピン人の弁護士とジャズミュージシャンを紹介して一緒に聞き取りをしたことがあります。

石岡　それで、二〇〇二年に初めてマニラに行きました。いわゆる「スラム」や「スクオッター」と呼ばれる場所に隣接する場所にボクシングジムはあった。二階に闘鶏場があって、一階でボクサーが戦い、二階でニワトリが戦っている(笑)。僕を連れてきた高畑さんは、着いたらすぐに「じゃあ、私はこれで！」と去って行った。

岸　いいですねぇ。フィールドワーカーですね。「あとは自分でやっときや！」と。

石岡　そのジムに何回か通って、「ここに住んで調査していいですか？」と聞いたら、「いいよ」と言うので、そのまま住みました。

岸　すごいなぁ。でも入ったきっかけって意外とそんな感じですよね。ぼくが沖縄に興味を持ったのも、旅行に行って沖縄が好きだと思ったからですし。そんなに覚悟をしていたわけではない。

石岡　わかる。私もそのまま入った。あまり決意とかないですよね。気がついたら入っていて、それを後から決意があったように喋っている(笑)。ここからボクシングとスラム地区の貧困をテーマに調査をはじめるようになります。

岸　ジムがあったのは、「スラム」や「スクオッター」の近くだとおっしゃっていましたが、そこはどういった場所なんですか？

石岡　少し説明すると「スラム」とは荒廃した地区であることを指します。「スクオッター」とは、土地の所有権や利用権がないまま定住している人々や、地域を指します。使っていない土地を占拠して住み出し、出来上がった街です。スラムは必ずしもスクオッターではなく、例えばナイロビのスラムは、土地を所有している公的な書類がいちおうあるのですが、スクオッターにはない。

岸　どれくらい貧しい場所だったのでしょうか。どれくらいといっても、言うのは難しいかもしれませんけど。

石岡　貧しいですよ。本当に。現地の友人は、赤ちゃんのミルク代が出せなくて、水で普通以上に薄めたミルクを飲ませてました。薄めたミルク。言い方が難しいんですけど……貧しいですけど、人間くさいですよね。

岸　そうね。ちょっと言い方が難しいよね。あんまり深刻さを強調すると、なんかものすごい「かわいそうな人たち」になっちゃうし。でも逆に、そこでたくましくみんな暮らしてますっていうのも貧困をロマンチックに語ることになってしまう。「沖縄のオバーは優しくてたくましい」とか。

石岡　「子どもたちはみんな笑顔」とか「お金じゃない」とか。

岸　「お金、大事だよ！」って、思うんですけどね。

石岡　それに貧しい地域といっても、一概には表現できないところがあります。二〇一〇年以降は、マニラも経済開発が進み、スラムやスクオッターに高学歴の人が住んでいる場合もある。

最近は世界的に有名なＩＴ企業のコールセンターがマニラにあり、現地の専門学校や大学を卒業して、そうした場所で働く人たちが増えているんです。昔ながらの「スラム」のイメージとは違ってきている面もありますね。

岸　深刻な生活条件のところもあるんだろうけど、仕事も学歴もある人もいて、グラデーションがあると。

話が飛ぶんですが、石岡さんが貧困を書く時って、それは貧困を無くすための処方箋を出すためであるというよりも、そこで住んでる人たちを「理解したい」っていう意図で書いてますよね。以前、女性ホームレスの調査をしている丸山里美さんとお話をした時（本書第3回）、社会問題を解決したいというよりも、現実を知りたい、女性の先輩としての生き方を知りたいんだと丸山さんは言っていた。

もちろん丸山さんは、実際に政策提言をしたり、支援団体と一緒に活動をされたりしているわけですけど、そう言っている気持ちはすごくわかる。丸山さんの本には、「女性ホームレスを減らそう」よりも、「どうやって暮らしているのか」がひたすら書いてある。石岡さんの本や論文にも同じものを感じています。貧困をなくすための処方箋ではなく、実際に貧困のどういうところがしんどいのか書いているのが大事。解決するための処方箋ではなく、理解しようとしていますよね。でもそれはたぶん、処方箋を出すためにも有効なはずです。

石岡　そうですね。いろんな作戦や術を見ているのかもしれません。例えばフィリピンで驚いたのが、お金がなくなった時にいきなり友達の家に押しかけること。スクオッター地域は土地の所有権がないはずなのに、ボスみたいな人がいて、家賃は発生するんですよ。いわば「インフォーマル家賃」ですね。

岸　ははは、「インフォーマル家賃」。そのひとの土地じゃないけど「払え」と。

石岡　インフォーマルですが、マーケットの原理といいますか、いい塩梅にできていてそれなりに賃料は均衡するんです。その家賃が払えなくなった時に、家族まるごとがいきなり「すみません」とやってくる。いきなり三人とか四人で押しかけるんです。例えば、僕の一家が、岸さんの家に押しかける(笑)。

岸　相手も拒否しないわけですね。

石岡　拒否しないですね。まぁ、そんなもんだからと。岸さんが困窮すると、今度は岸さんが僕の家に押しかけてくる。生活の回し方の前提が違うんですよね。貧しさって、人と人の距離を近づけさせますよね。互いに距離を取っていたのでは、生活が成り立たない。ぐっと接近させると思います。でも、そうやって超至近距離で接近して、肩の触れ合うような距離感で生活しながらも、そのなかで、当たり前ですが、互いのことを配慮しあう。そういった様子を見て、面白いなぁ、知りたいなぁと思う気持ちがまずは最初にあると思います。

なぜボクサーになるのか?

岸　石岡さんはそうやってフィリピンのジムに入るわけですが、何をしていたんですか。

石岡　朝起きて、飯を食う。

岸　朝起きて、飯を食う。いいですね。

石岡　スラムの調査をしたかったのですが、「話を聞かせて!」といきなり調査はできません。ボクシングジムの良いところは、ボクシングを通してスラムの調査ができるところです。

岸　そうですね。いきなりスラムの調査はできない。たとえば、いきなり私みたいな知らない人が沖縄にやってきて、「これまでの人生を聞かせてください!」と言っても、怪しくて聞かせてもらえるわけがない。ぼく自身も最初は、沖縄の出稼ぎとUターンの調査というテーマを決めて、そこから聞いていきました。なかなか目的もなしに、丸腰で調査はできないですよね。なにか「とっかかり」みたいなものが要る。

石岡　できないですね。その点、ボクシングジムはテンプレートが決まっています。朝五時半に起きて、走って、誰かがつくった朝ごはんを食べて、昼の一時から三時まで練習する。夕方は七時くらいにマネージャーが来てご飯を食べる。この繰り返しのテンプレの中に入ってしまえるんです。

岸　居場所になるんですね。ひとつの活動を共有することで、その場に居ることを許されると。『ローカルボクサーと貧困世界』では、ジムの中のどのような話を書いたのでしょうか?

石岡　ひとつは身体論です。例えば、ボクシングは個人競技ですが、ジム内で得意なパンチが似てくる傾向があるんです。ボクサーは初心者もチャンピオンクラスのボクサーも、ジムでは一緒に練習します。リングがあって、サンドバッグが横並びにあって、三分ごとに、カーンと鳴って、みんなが一斉に練習をし出す。

一緒の空間で練習していると、先輩ボクサーが隣でサンドバッグを叩いていたら、そのリズムがこっちにも入ってくるんですよ。

岸　同期してくる?

石岡　そうなんです。これも実際にやってみてわかったことでした。最初は、フィールドノートを取るために、座って練習の風景を書いてたんですけど、ぜんぜんダメで。座って見ているだけだったら、「残り一分半、息があがってきた、ガードが下がってきた」みたいなことしか書けないんですよ。

でも実際に一緒に練習をやってみると、三分って大変だし、きついし、残り一分半ってこんなに長いのかって思う。そして、タイマーをチラ見していると、トレーナーからは「タイマーを見ない!」(集中しろ、という意味)と怒られます。これは一緒に練習しないとわからない世界ですね。あと、別のジムでは、一ラウンドを四分で練習するところもありました。四分なんて、信じられないですよ。でも、やってみないと、四分が一ラウンドとは、どういうものであるのかが、わからないと思います。三分と四分の間にある、この絶対的な違い。

同じ空間にいるからといって、同じものを見ているわけではないんですよね。そして身体が同期していくこともその時間に入ることでわかっていく。先輩ボクサーのリズムが入ってくる瞬間があるんです。だから得意なパンチも似てくるのかとわかる。すごく社会的な場所だなと思いました。

岸　最初、目だけで観ているけれど、だんだんと現場の音を耳で聞くようになって、身体も同期していくわけですね。面白いですね。ジムにはどんな人が来ているんですか。

石岡　全員男。年齢は一五~三〇歳ほど。体罰や上下関係もなくて、すごく開かれている感じ。からっとしていていいですよ。日本の部活とは違う。先輩のしごきもないです。

日本で「ボクシングジム」と言えば、お金を払って通うイメージですよね。でも私が住んでいたジムは、住み込み式で、そこに行けばご飯とベッドと、「〇〇ジムのボクサー」という社会的肩書も手に入る。試合に出ると自分の名前を呼んでもらえる。

岸　ああ、そうか。お金を払わなくてもいい。じゃあ、食い詰めた男がそこに行くことができる。

石岡　ボクシングには才能もあるので、二年くらいで去っていく人もたくさんいる。新しい人もまた入って来ます。

岸　みんながチャンピオンになれる世界ではないですよね。去っていった人達はどうなっていくんですか。

石岡　ボクシングジムのネットワークを使って、マネージャーがやっているレストランで、引退後にインフォーマルな仕事をもらったりしているんです。あと最近は、マニラの各地にフィットネスジムができていて、中間層の顧客がそうしたジムでエクササイズをするのですが、そこでフィットネストレーナーとして働くことも増えました。ボクシングトレーナーは、今では需要も出てきたんです。筋トレの方法をただ教えるだけじゃなくて、実際に客がグローブをはめて、元プロボクサーが上手にミットを持ってあげてミット打ちをすると、そうした顧客たちはすごく喜ぶから。かれらは、下手なパンチでも、上手に拾ってあげるので、顧客の側は「パン」「パン」ときれいにパンチが入ったような気になって、気持ちいいんです。

岸　エコロジーのようなものがあるんですね。打越さんの調査でも、暴走族と地元の工務店がつながっていて、暴走族を卒業すると、工務店で日雇いをやるような流れが出来ている。

でも僕から見ると、ボクシングをやること自体が厳しく、つらいことだと思います。石岡さんの本を読んで、正直なところボクシングって「見返りが少ないな」と思いました。「名前を呼んでもらえる」と言うけれど、ものすごくハードなトレーニングや減量があって、男同士の共同生活で、彼女をつくるのも禁止。それで一生が保証されるわけでもないし、年をとっても続けられるものでもない。でも、なぜ彼らはやっているんだろう。彼らの理由や動機って何でしょうか。

石岡　すごくいいポイントだと思います。「することがある」ことって、私は大切だと思っています。日々仕事をしている人間からすると、「することがない」って最高のように思えますが、実はそんな日々がずっと続くとけっこうツラい。

貧困の問題は「することがない」ことの問題ともつながっている。単に所得が低い、失業が長いことだけで貧困は語れないように思います。スラムでは「すること」を求めてドラッグに手を出したり、インフォーマルなことをやったりする人が多い。

しかしボクサーになったら、毎日決まった時間に起きて、メニューも決まっていて、

「することがある」状態になります。しかも、自他ともに「〇〇ジムのボクサー」だと認められ、承認もされるんです。

岸 その「することがない」って、「暇」や「退屈」とは違うんでしょうね。暇や退屈があるのは、すごく贅沢なイメージがある。することがなくて生きていけるのならば、それって理想なんじゃない？　とぼくは思っちゃうんだけど。

石岡 そこも大事な論点ですね。私は「することがある」ことに加え、「パターンがある」ことが人間の社会生活には大事だと思っているんです。

別の例から考えてみると、フィリピンにいるときに、タガログ語を教えてもらっていた語学学校で日本人の女性と出会いました。彼女はそこに英語を習いに来ていました。彼女は東京の仕事を辞めてマニラに来て、駐在員の友達の家に滞在していた。最初は元気だったのですが、四カ月ほどすると、この生活がつらいと言って日本に戻ったんですよ。忙しい日本の生活を捨ててマニラに来たのに。彼女を見ていて、「することがある」ことだけではなく、「パターンがある」ことが大切なんだと思ったんです。

スラムの生活を見ると、パターンをつくるのが難しいんですよ。パターンがあっても崩されてしまう。典型的な例は再開発ですね。マニラの地価が上がっているので、スクオッターの強制立ち退きが起こって、いきなり山奥の土地に住めと言われてしまう。でも山奥に仕事なんかありません。結局、男性が片道三時間かけて、マニラで仕事をするわけですが、往復六時間通勤するのは疲れる。妻子は山奥に残して、平日限定のホームレス生活をするようになります。外圧によって、住む空間が変わり、世帯の中身も変わってしまう構造がある。

岸　なるほど。スラムで「することがない」というのは、単に暇で退屈であるわけではない。それなりに忙しくしないと飯は食えないから、忙しく仕事はするんだけど、いきなり外部の状況で変わってしまうからパターンをつくれない。「日常」とか「予測可能性」というものがないんでしょうね。そのしんどさがある。

石岡　貧しい生活では、パターンをつくって維持するのが非常に難しいんです。だからパターンのあるボクサーの生活は魅力的なんですよね。

泣き真似、豪雨、ヘビ

岸　ジムの中でパンチが同期してくる話もそうですが、石岡さんの書いているものを読むと、本当に細かいところを見ているなと思います。僕が好きなのは、中でも「泣き真似」の話です。台風の日に、男数名でスラム街で飲んでいたら、その中の一人が彼女を金持ちのオーストラリア人に取られた話をして、泣き出したと。

酒を飲みながら彼は言う。「子供のことを考えたら、オーストラリアに行くのが良いってわかってる。フィリピンには仕事がない、スクオッターには仕事がないし、学校にもやってやれない」。そう語って押し黙る。そこに集っていたのは一〇名くらいだったろうか、誰もが彼の窮状を知っていた。天井のトタンを眺める者、足を組み直す者、空のグラスを見つめる者。皆、酒に酔い、赤目になっているから、泣いているのかどうかはわからない。場は沈黙する。彼は静かに泣いた。

その時である。反対側に座っていたひとりが、声を上げて泣き真似を始めたのだ。「ウエ〜ン、ヒ〜」。目を擦りながらの渾身の演技である。それにつられて、もうひとりも、さらには別の者も、泣き真似を始める。みんなで泣き真似をすることで、その場を茶化し、彼が直面する事態とそれに伴う感情をやり過ごそうとしているのだ。

（石岡丈昇「スクオッターの生活実践──マニラの貧困世界のダイナミズム」SYNODOS、二〇一三年九月一二日）

石岡　その時に私は、「うわ、泣いちゃった」って思ったんですけど、もう一人いた仲間が、「ウエ〜ン、ヒ〜」と言って、思いっきり泣き真似を始めたんですよ。日本だとこの事態を真剣に扱っちゃうと思うんですけど、笑いに変えるというか、あれは本当に優しさだと思いましたね。あの泣き真似の空間って。

岸　とっさに泣き真似した。反射神経ですよね。

石岡　たぶんその場にいた人たちは、みんな類似した経験を持っているんですよね。当時は携帯もなく、MP3がフィリピンで流行っていて、路上で安く売っていた。そのMP3でエリック・クラプトンの「Wonderful Tonight」が流れていた。泣く人と、泣き真似する人がいるところで。

岸　映画みたいやな。「Wonderful Tonight」、あとでみなさん聞いてください。

石岡　流れていたのは海賊版ですけど(笑)。

岸　そういうおおーってなる瞬間ってありますよね。

石岡　もうひとついいですか。先ほど話したように、マニラのスクオッターで強制撤去があって、再居住地が山奥になった。そもそも暗い上に、みんな仕事がなくてマニラに行くので、人が減って、より暗くなっていく。マニラは明るいのに。

ある日、その再居住地へインタビューをしに行きました。雨がすごく降る時期で、その日も豪雨が降った。トタン屋根なので、雨の音が響いて、話す声が聞こえなくなるんです。トタン屋根から響く雨音ってすごいんですよ。インタビューも止まって、沈黙の時間が生まれて、ただじっと「止まないね」と雨の音を聞いていた。

雨が弱まったあとに、「ここは寂しいだろう」とその方は言ったんですよね。ただ人がいなくて寂しいというのではなく、光とか音とかも含めて、こういう世界って寂しいなと思ったんですよ。

岸　家族を守るってどういうことか、人が減るってどういうことか、石岡さんは場面で書くことをよくしますよね。雨のダーって音で、人が減るってこういうことなのかとわかる。

石岡　そういうディテールって、社会学という学術の中で、どう書いたらいいのかは難しいですよね。

岸　難しいなぁ。何が言えるんだろうなと。でもやっぱり、文学やジャーナリズムとも目的が違う。社会学ってなに？　って言われると難しいし、自分がどういうふうに社会学の論文を書いているのか言うのも難しいけれど、それでも石岡さんや打越さんの話を聞くと、「ああ、社会学だな」と思う。

ものすごく大雑把にいうと、とくに質的な社会学の目的は、ほんとに素朴な言い方ですが「他者理解」ですよね。他者の行為や相互行為を質的に理解する。そのときにたぶん、いちばん大事なことが、ディテールを書くっていうことです。よいエスノグラフィーや生活史の社会学はすべて、ディテールが書かれている。うまく書かれたモノグラフは、説明や理論化も不要なぐらい、ディテールの力によって自らを語るものです。でも、最近思うんですけど、事実関係とディテールは違うんですよ。こまかい事実関係を根掘り葉掘り聞いて、それをずらずら並べても、ぜんぜん人びとが生きてきた歴史やその生活を理解したことにはならない。じゃあディテールってなんだろう。

沖縄って、本当に勉強することがいっぱいあるんですよ。どこでもそうでしょうけど固有の歴史がある。事実関係をただ並べようと思ったら、もう無限に並べることができる。例えば沖縄の戦後のジャズなんかを見ても、内地よりも盛んだし、ライブハウスもいっぱいあったし。でも聞き取りをしている時に、どういうライブハウスがどこにあったのか、地図を書いて、年表をつくることに入り込んじゃう人が実際にいたんですけど、それだったら生活史をじっくり聞く必要はない。地図をつくったり、事実関係を確定するのも大事ですが、生活史調査、質的調査に必要とされるディテールって、そうじゃないだろうと思うんです。

石岡　読んでいて、確かな記述だなと思う本ってありませんか。それって不思議だなと思うんですけど、本を読んでいるだけで、その世界にいたわけでもないし、行ったこともないのに。例えば岸さんの沖縄戦のヘビの語りがありますよね。

岸　石垣島はほとんど爆撃や地上戦がなかった代わりに、戦争マラリアで数千人もの方が亡くなってます。石垣島の山間部や西表島などの離島に疎開させ、一般市民に森を切り開かせた。蚊がいっぱい出て、たくさんの方がマラリアで亡くなるんです。

話を聞いた方のお母さんが戦争マラリアにかかって、高熱が出たので、寝ながら頭をたらいの水につけて、頭を冷やしていた。そうしたら、反対側からヘビが水を飲んでいた。

そのシーンが強力に印象に残っているんです。ヘビが水飲んでるっていうその場面が沖縄の戦後社会になんの関係があるかって言われたら、なんの関係もないとも言えないかもしれませんが、普通はそういう語りは論文のなかには入れないでしょう。でも私は、なぜかその場面の語りを残したかったんです。

石岡　ですが、そういうのを読んでいると、確かな記述だと思う。確かだと思うのは、なぜなのか。それは事実関係ではない感じがする。その場のドンピシャなディテールがあると、これは確かな調査だと思う。

岸　そうそう。現場に「持ってかれ」るんですよね。生活史を聞いて書くのは、「歌」を聞きに行って、耳コピして楽譜に起こしている作業と似ている気がする。聞き書きって要するに「採譜」なんです。読む人はそれを再現できる。そういう仕事なんだなって思うときがあります。たとえば、生の歌を楽譜という記号に落としていくと、細かな歌の調子とか身振り手振りみたいなところは削ぎ落とされていくんですが、でもそれを読む人が読むと、その歌のもっとも本質的な部分は伝わるんです。私も、そういう仕事がしたいといつも思ってます。

語りの本質、みたいなことを言うと、ちょっと誤解されそうなんですけども、ぜんぜんロマンチックな意味でもないし、変に「ポストモダン現象学」みたいなんでもなくて(笑)、ただ単に、こういうことです。事実関係とディテールは違う。事実関係ばかり集めることをしだすと、そのうち、そもそも文字にせずに動画でまるごと残そう、っていう発想になりがちなんです。でも私はそういうことにあんまり興味がない。「その場のやりとり」が重要なのは異論がないですが、そこにすべてがあるとはまったく思わないんです。映像より文字（＝楽譜）のほうがむしろ情報量が多いと思ってますし、本質的なものを伝えることができると思う。事実関係とディテールが違う、というのはそういう意味です。

でもそれって、学術的な論文を書くこととは正反対のことだから、院生さんを教えていてもすごく難しいなと思う。

立ち退きは「宿命」か

石岡　このディテールで一本走る書き方が出来るのが、岸さんのすごいところですね。今回『生活史論集』の中で、私は初めて生活史の語りを使って論文を書いてみたのですが（「連鎖する立ち退き――マニラのスクオッター地区と強制撤去」）どうやって書いているんだろうなと思いましたよ。

岸　いやぁ、ぼくは論文、下手なんですよ……。むしろ石岡さんの論文がとても良くて、ほんとに生活史の論文のお手本みたいだと思いました。取り上げているのは、スクオッターからの強制立ち退きをくらってしまった男性の語りですよね。彼は「宿命」という言葉を口にする。

石岡　二回、三回と立ち退きをすることになり、反対運動をしていた方でした。彼は立ち退きに対して、「宿命」という言葉を使うんですね。「上からの強引な政策による被害じゃないの？」と聞いたら、「それはそうだけど、もう歳だし、郊外に来るのもそういう人生のチャプターが始まったんだ」と言うんです。

岸　立ち退きに受け身で応じたのではなく、住民を組織して、戦ってきた方ですよね。そういう方が「宿命」という言葉を使う。

石岡　生活史の語りを使って初めて書いてみて気づいたのは、コード化しないことです。通常は、例えばAさんが話していることを、「家族カテゴリー」「仕事カテゴリー」といった形で分けていき、どの内容が会話に多く出るのかを見ていく。Bさんの話したことも同じように分けてみる。そして、Aさんの家族の話を「家族A」、同じように「仕事A」「家族B」「仕事B」みたいにコード化する。通常おこなうこうした作業を、あえてしないことで見えてくるものがあるとわかりました。

岸　たしかに私たちは、いわゆる「KJ法」（語りをバラバラに分割してカテゴリーごとに並べ替える方法）みたいなものは、しませんね。

石岡　もうひとつ気づいたのは、同じテーマで一〇人、二〇人と聞いて行くのですが、その平均値の人物の語りを書いているわけではない。どちらかと言えば、極値のようなところから、ぐっと問題を捕まえるようなところがある。

岸　でも同時に一般化しているでしょう。このあたり、いつかちゃんと論文にしなきゃと思ってるとこなんですが……。

私たち質的調査屋は、つねに少数事例しか扱えないですよね。当たり前ですが、そのかわりひとりのひとにじっくり聞いたり、ひとつの場所でじっくり参与観察したりするんです。でも、いくらじっくり調査したとしても、しょせんそれは、たまたま偶然観察できた、ローカルな場面でしかない。そこから「社会」について何が言えるだろうか。

「宿命」という言葉からわかるのは、その人は抵抗しながらたくましく生きていて、大きな力から甚大な被害にあっているとも言えないし、でもなんでも自由に楽しくできるわけでもない。それって人生の本質だなって思いますよね。僕らは、フィリピンの男性とは違う環境だけれども、そこで同じ人間を発見する。それを一人の人間の語りから書いている。

でもそれってどうやって一般化できるんだろうな。千人に聞いて、六八パーセントの人が「宿命」という言葉を使いました、みたいな話でもない気がするし……。

石岡 そうじゃないですね。

岸 でも「宿命」という言葉に、権力や貧困と戦ってきている人たちの本質がある。それってエビデンスというよりは、「根源」という感じ。長年マニラに通っている石岡さんにはぐっと来たわけで。

石岡 社会学は自由な個人ではなく、制約だらけの個人をみます。でも制約を受けているだけではなく、受けながら自分の人生を作り直そうとしている。その時に「宿命」という言葉は、考えるべきだなと。だから書くのであれば「宿命」を軸にしようと思ったんです。

岸　人生やなぁ。この前、『生活史論集』共著者の前田拓也さんから「岸さん、人生って言いすぎ」って言われちゃったんだけど(笑)。

社会学で人生って研究の対象にならないんですよ。でも僕は人生を書きたくて。沖縄の人の語りをつかって、人生を書こうと思ったら、ベタな話だけど「なぜ沖縄でそれを書くのか」と聞かれる。あれってすごく嫌い。東京でインタビューして人生を書くとスルーするのに、沖縄で書くとそう言われますよね。マイノリティの特殊なケースにされちゃう。だから人生を書きたいと思うんですよね。

もちろん生まれてから九〇歳までの人生を全部は書けないけれど、断片的なものを切りだして、人生ってこういうところがあるよねというのは書けるんじゃないかと。石岡さんが「宿命」を切り出したのもそういうことだと思う。こういうふうに人は生きてるんだなと。

ここ数年、「他者の合理性」という言葉をよく使うのですが、それは基本的には、少数事例は一般化できるはずだ、という信念がベースにあります。それでは、なぜそれができるのか。それは、言葉にしちゃえば他愛もない話ですが、人間の行為の動機や理由というものは、かなりの部分「共通している」のではないかということです。当たり前といえば当たり前なのですが、ここ数十年、思想も哲学も社会学も、「通約不可能性」みたいな話ばかりしてきたように思います。でも、「こういう状況で人びとはこう生きているんだ」という話を聞くと、どこかものすごく「わかる」というときがある。

石岡　岸さんの書いたスクラップの話(「芋と鉄くず——歴史のなかの「沖縄的共同性」」『生活史論集』)もそうですよね。「宿命」の論文と似ているなと思いました。

岸　僕が書いたのは、沖縄戦やその後の占領を、自然現象と同じ感じでシームレスに語った女性の語りでした。沖縄では戦後、「スクラップブーム」というのがあったんです。一メートル四方に二発ずつ爆弾が落ちたような感じだから、そこらへんに鉄くずがいっぱい埋まっていて、朝鮮戦争の時に鉄くずが高く売れたので、みんな掘っていた。当時は不発弾でたくさん人が亡くなっています。

ある女性に、戦後どうやって暮らしているのかを聞いたら、畑を耕して、サツマイモやお米、冬瓜もつくったし、サツマイモのツルで豚も育てて、基地のなかで軍雇用で働いて、ときどき物資をこっそり持って帰ったりして(笑)、そして地面を掘ると鉄くずも出てきたと言う。まるで自然現象のような感じで、戦争や、米軍占領のような大きな事件を語るんです。耕したら鉄くずも出てきたよと。そしてあの「宮森小学校軍用機墜落事故」の現場に立ち会うんです。そういう経験をしている。

沖縄の戦後というのは、自然の中で芋を育てて、豚を育てて、スクラップも掘って、軍作業もして、宮森小学校の米軍ジェット機墜落事故があって、という一つながりの世界の中で生きている。人の一生って「はい、ここで終わり。はい、次」みたいなものじゃないから。当たり前だけど、人の人生は一つながりなんですよ。

戦争や災害のような巨大な歴史的な出来事を、人間は個人として自然現象のように語るんだなと思いました。これは「宿命」とつながってきますよね。「受け入れる」とは言いたくないんだけど、それとともに生きて来ざるを得ない人々の歴史がある。

なにか巨大なもののもとで私たちは懸命に生きている。私たちはそれに抗い、逆らって、なんとかして抵抗してるんだけど、でもそれを受け入れて、適応し、そのなかで飯を食っていかないといけない。そういう現実もある。

そういうことって、ひとつのテーマの話をピンポイントで聞いてもわからないんですよ。「沖縄戦ってどうでしたか?」だけを聞いてもわからない。僕は戦後のこともまとめて聞いているんですけど、当たり前だけど沖縄戦は続いているんです。七二年に本土に復帰してもずっと。いまだにずっと続いている。体験をしていた人が生きていて、七〇年前に家族が集団自決で亡くなったことを泣きながら語っている。その人の中では、当たり前だけど続いているんだなと。忘れがちなんだけどね。

石岡　フィリピンでも廃品回収はある階層において大きな産業です。それを書こうと思うとき、「この地域には○○パーセントの人が廃品を集めていて」という話になりますよね。でも生活史の場合は逆転していて、ある一人の生きている生活の中に、廃品回収もあれば、戦争の話も入っている。

岸　そうそう。人生の話になっていくと、特定のテーマからは離れていきますよね。たとえばこういうことがありました。大阪のある被差別部落に長年住む在日コリアンの女性の生活史を聞いたことがあるんです。ところが、その語りの大半は、夫から受け続けたDVの話だった。彼女はそれを泣きながら語りました。あるいは、沖縄で、琉球舞踊の先生のところに生活史を聞きに行ったこともありますが、話を長時間聞いてはじめて、彼女がユタでもあるということがわかったんです。舞踊の話からユタの話になって、さらにずっと聞いてると、嫁いだときに姑からさんざん虐められた話になった。つくづく、ひとの生活史というものは、一筋縄ではいかないんだなと思いました。

特定のテーマの研究にするのは本当に難しい。上間陽子さんや打越正行さん、上原健太郎さんと共同で調査をして、『地元を生きる』(ナカニシヤ出版)という本をつくりました。沖縄的共同性に関する調査なんですが、それを階層格差という視点から書いたんです。よい大学を出て公務員や教員とかになって安定した暮らしになると、地元の地域社会のしがらみみたいなところからは離脱することが可能になる。沖縄の人びとも、みなが一律に、地域共同体みたいなところで生きてるわけではないんだよ、ということを明らかにした本なのですが、「階層格差は沖縄だけじゃなくて世界中にある。どういう意味でこの本が沖縄研究であるといえるのか」とコメントした社会学者がいました(笑)。

じっくり調査して、そこで起きている「さまざまなこと」を書いて、それを理論化・一般化すると、すぐに「沖縄じゃなくてもよくない?」みたいな話は出てきます。

でも、人ってみんな人生を生きているけれど、それぞれが特定の場所で生きているわけでしょう。例えば、抽象的な「アスリート」にはなれませんよね。卓球なりボクシングなり野球なり、なにかの競技をやって、結果的にアスリートになるわけじゃないですか。同じようにただの人生を生きている人はいなくて、東京や大阪や沖縄で生きて、女性であって、障害者であってという、重層的な生を生きているわけです。だから特定の人を書くことで、「人生」というものが書けるはずなんですよ。いま、なかなか書かれていないことでもあると思う。

威勢よく言えることを可能にする条件

石岡　生活史は連続している、つながっている感覚がありますね。特定の年号に封じ込めていた体験を、生活史で聞いてみると、それがまだ終わっていなかったり、継続されている。点ではなく線でみるような視点なのかと思いましたね。例えば齋藤直子さんの『結婚差別の社会学』(勁草書房)を読むと、そのことがよくわかります。私たちが「被差別部落の結婚差別」と聞いて思い浮かべるのは、「結婚の時にこんなひどいことを言われた」というような話。でも実際はもっと粘り強い交渉が行われていますよね。

母親が「私は差別しないけど、あなたの妹の彼氏の親がどう思うかしら」みたいなことを言って来る。間接的に味方なふりをしながら、他人を使って挫けさせようとする。それに対して「お母さん！　これは差別です！」とは正面切って言えなくて、「この人はいい人なんだよ」と相手の人柄を出して交渉していく。本来は被差別部落をめぐって話をしていくはずなのに、そこを回避するように「人柄」を打ち出す交渉になる。

それで結果的に結婚できたとしても、被差別部落への差別という本丸は残っていく。結婚後にも、ほかの人の結婚式に同席するかどうかといった話になっていき……という長いプロセスの中で書かれています。結婚できたら差別は終わりではなくて、一連のプロセスとしてあることがわかりますよね。

岸　プロセスなんですよね。特にいまの若い人は親と仲がいいんですよ。年配の活動家の人とかは「駆け落ちしたらいいんだよ」と言っちゃうひともいて、それはそれでその時代では大事なことだったんですが、いまは現実的にはなかなかそれはできない。親も子どももとの関係を悪くしたくない。だから親も、「この人はいい人だから」と例外化の戦略を取ったりする。でも部落差別をする側の偏見は温存されているわけです。たとえ子の結婚を許すにしても、部落に対する自分たちの差別意識を保ったまま、部落の外に住んでほしいとか、子どもには出自のことは伝えないでほしいとか、解放同盟とも付き合わないでほしいとか、そういう「付帯条件」みたいなものがたくさん出てきてしまう。それがリアルです。ピンポイントでしか見てないと、「差別を乗り越えて結婚できた」としか見えてないものが、長いタイムスパンで、生活史全体をみると、その前後に長い長い交渉や調整、「条件闘争」みたいなものが見えてくるんです。

石岡　「親との関係なんか切って駆け落ちしろ」と言うのは、戦っている最前線ではそうなるのかもしれないけど。でも『生活史論集』で出てくるのは、私の場合にしても、結局は立ち退きに応じざるを得ない人の話になる。

岸　部落差別を乗り越えて結婚できた人でも、一〇〇％「勝利」したかっていうと、なかなか微妙なことがたくさんある。マニラのスクオッター地区の立ち退きと闘ってきた人でも、それを受け入れて生きていかないといけない。こういう人生のリアルな側面って、どうやったら「社会学的」に描けるんでしょうね。そういう方法論がほんとうに無い。

沖縄戦の集団自決で家族全員が亡くなって、一人だけ生き残った方に生活史を聞いたとき、泣きながら当時のお話をされていた。でもその人は基地賛成派なんですよ。そういうところをどうやって書けるんだろう。その人の人生を聞くと、軍作業で生きてきて、飯を食ってきた人なんですよね。

僕自身としては基地は反対派だし、反対派の立場のまま、その人の話を聞く。だって、その人の話は絶対に否定できないですよね。職業倫理以前に、人として人に話を聞かせてもらいに行っているわけだから、その人を否定してはいけないでしょう。

そうやって人の話を聞いて、いろんな人の立場を理解したいなと思う。でもそうすると、保守的になりますよね。ラディカルなことは言えなくなってくる。基地反対。戦争反対。それは本当にそうなんだけど、その場で簡単なことは言えないわけ。

でもやっていることに矛盾はないと思っていて、例えば上間陽子は『裸足で逃げる』(太田出版)で丁寧に沖縄の女性の貧困や暴力を書いていて、次に出した『海をあげる』(筑摩書房)という本は、基地に対する、もう痛切な、辺野古の基地に対するものすごい痛切なエッセイを書いた。

だから必ず両立することができるはずなんです。でもやっぱり一方で、いろんな人の話を聞いて、その場で生きている人びとを「理解」することで、テクストの効果としては、現状の社会構造に対して容認してしまうことになる。だからそこは危機感を持っているところでもある。どうしていいのか、すぐにはわかりません。手探りでやっていくしかない。

「宿命」の話も、ひと昔前の社会学者だったら、名もない一般大衆の諦めの感情、権力を受け入れて戦うことを止めてしまう――とか書きがちだと思うんだけど。

石岡　私の関心は、自分の関与を超えたことが降ってきた時に、それにどう向き合うのかにあるんです。あんなに反対運動を組織して、みんなと一緒にやっていたのが、「宿命だった」と言って折り合いを付けようとしている。自分が影響を与えられるようなことではなく、空から降ってくるようなことがあった時に、自分のひとつの世界の中に位置づけているんだと思うんですよね。

岸　なるほどな。世界の中に位置づけている。諦めているわけじゃないんだけど……なんでしょうね。

石岡　そう。諦めているのではない。なんでしょうね。

岸　いまだに書き方の糸口がわからない。

石岡　似たような話があって。ちょっとお悩み相談になって申し訳ないんですけど。

岸　お互いお悩み相談しましょう(笑)。

石岡　スクオッターの強制撤去の際、最終的には撤去部隊が来ます。警察や機動隊もいるんですけど、実際に作業をするのは別のスラムから来た雇われの人なんですよね。

岸　あー、そういう時、地元の人を雇うよね……。

石岡　市役所が日給で雇うんです。撤去チームは青色のTシャツのユニフォームを着て、家をみんなで破壊していく。でもその時、青色の人が家を壊す前に、自分の家を自分で壊す人がいるんですよ。撤去作業員に壊されるくらいなら、自分で壊すと。ちょっと痛ましいシーンですが、これはまだ世界と関与しています。

岸　抵抗の形ですよね。

石岡　でも最後、ブルドーザーが来るとどうしようも無くなる。ブルドーザーが来ると関与もできず見るしかない。手足が奪われて、目撃者にしかなれないみたいな感覚があって。

岸　最後、目しか残らない。

石岡　手足が奪われて目しか残らない。それって貧困の世界だと思うんです。目撃するしかない。関与なき目撃者にされる。

岸　うーん。文字通り「手も足もでない」瞬間っていうのは、人間にはありますね……。

石岡　その辺、どうにかして上手く書けないかなっていつも考えています。そういうことを考えて行く上で、やっぱりその人が「食べていく」ことって大切だなとも思うし。あとやっぱり、生活史っていうのは、生きていかなきゃいけない。

岸　そう。飯が食えてればとりあえず大丈夫だよね。長い目で見ると、ジェントリフィケーションで地価が上がって家賃が上がったりしていくと、自分たちも住めなくなっていくんだけど、とりあえずそれで仕事が入って飯が食えるんだったら、青いTシャツも着るじゃないですか。

石岡　岸さんが言うように、それは「現状を追認している」と言えるかもしれない。でもやっぱり、人間は生きていかなきゃいけない。生きていかないといけないから、なんでもありとはならないけど。でも生きていくことを正面に据えると、なかなか威勢よく言えない。威勢よく言うためには、ブルデュー的に言ったら「威勢よく言えることを可能にする条件がない」と、威勢よく言えない。威勢よく言えることが可能になっている条件を問わないまま、みんなに「威勢よくしろ」と言うのは、空論だと思います。

岸　僕らはやっぱり、飯食うのが一番大事だろうっていう共通の考えがあるよね。それこそブルデューも郵便局の息子やったからすごい苦労してるわけ。全部奨学金で行った人やし、僕も土建屋の息子だから。だから、やっぱり飯食うことの大事さ、大変さみたいなのは、骨身にしみてるんですよね。

だから、インテリの大学の先生から「脱成長」「資本主義を乗り越えろ」って言われると、「それはそうだけど……その前に飯食うのが大事でしょう」みたいな気持ちになる。ただ、飯を食うことを大事にするのは、現状肯定の思想にはなる。そこらへんは難しいところだよね。

でもやっぱり、飯を食うことの尊さ、大変さ、を書きたいと思う。やっぱり、飯食ってるやつがいちばん偉いと思うな……。むしろ、もっと楽に飯を食える社会にしたいよね。だから経済成長やっぱり大事なんですよ(笑)。

まだまだわかる部分があるはず

石岡　それは岸さんがおっしゃっている「ドラマチックな話にしない」ことにもつなが

るように思います。集団自決だ、スラムだ、貧困だというような、わかりやすい盛り上がる部分、ドラマチックなところを書きがちになってしまうんですが、それはしたくないと。

岸　わかりやすくしない、っていうことが、いちばん大事だと思うんですよ。質的調査の目的って、どんどん「一概に言えなくしていく」ことだと思う。普遍的な法則を発見するのが目的じゃなくて、ひたすら例外を見つけていく。

質的社会学のやっていることは、仮説を増やすことだと思うんです。一般的に、仮説は減らしていくものだと思われています。ひとつを残してあとは消していく。ですが、逆のことをしていますよね。どんどん増やしていく。

石岡　問いをつくっている感じがあるかもしれません。

岸　集団自決のような強烈な体験をしていても、基地容認派の人もいる。そうやってどんどん仮説を増やして、境界線をぼかしている感じがします。通常のイメージの科学とは違って、文学に近いみたいな感じで思われがちですが、でも私はこれは立派な科学だと思ってやっています。再現不可能な、一回性の科学。

強烈に思うんですけども、話したことも、会ったこともないフィリピンの男性の「宿命」という言葉は、人間そのもののような感じがする。私たちの人生と、それは地続きのはずなんですね。絶対になにも理解できない完全な他者であるはずがない。

『生活史論集』の序文で書いたんだけど、ぼくらは他者性をロマンチックに語りすぎてきたなと思います。絶対に他者は理解できなくて、他者というのは謎なんだと。違うところに生きている人は、本当に分かり合えないんだと。

そのベースには、「野蛮人」のように相手を扱ってきた植民地的な人類学の長い負の歴史への反省があります。相手の文化や価値観、宗教をまずは尊重しましょう。他者性を尊重しましょうと。その結果として、「他者を理解してはいけない」という感じになっているのではないか。

石岡　理解不可能な方向に行くんですよね。

岸　あと、なんか「他者は理解出来ないんだよ」って言っている方がカッコよくて、大人っぽい感じもする(笑)。

でもぼくはそうじゃないと思う。「他者の合理性」という言葉で表現したいのは、合理性については私たちはかなりの部分を共有しているのではないかということです。どんな場所に住んでいても、家族と離れるのは嫌だし、住んでいるところから立ち退きをするのは嫌だ。みんな一緒だと思う。

外から見たら自分と全然違う行動をしているように見える人でも、共感はできないかもしれないけど、どういう「理由」で行動しているのかを考えたときに、あるいはそれこそ聞き取りをして教えてもらったときに、なにかが「わかる」ことがあるんじゃないか。マニラのボクサーは「他者」として描かれがちなんだけど、現代の日本と地続きで、そういう人から石岡さんは学んでいるわけです。でも、「マニラのスラムで生まれ育った人の気持ちってわからないでしょう」と言われてしまう。

石岡　私は基本的に通じる派なんですよね。でも、通じない派の方がロジカルな勝負では強いんですよ。科学としてのケンカの強さで言うと、他者の理解不可能性の方が強いんですよ。

岸　わははは。そうそう。通じる派は負けがち(笑)。

石岡　その強さが同時に、限界を伴っていることを感じる必要もある。例えばこのまえ京王線に乗っていて、なにげなく広告を見たら、和光大学の電車広告に打越さんが出ていた。

岸　電車の広告にあの打越さんが。すごい時代になったなあ……。

石岡　この広告の中では、キャバクラで働くシングルマザーについて書かれています。打越さんは彼女たちの調査をしますが、「なぜこの仕事をしているんですか？」と聞くかわりに、その生活をよく見て理解しようとする。そうすると、日中の仕事に比べて、キャバクラの仕事の方が、時間にも融通が利き、学校行事にも参加できること、彼女たちが子どもを中心に生活をつくりあげていることもわかってくる。

こうした話を学生とすると、女性たちを夜の仕事に仕向けている構造と、再分配の問題がありますよね、と言う。もちろん、それはそうなんですよね。でも、そうした問題をメインにしないで、打越さんが違うところにフォーカスしているのはなぜか。ロジカルで強い論法を貫き通すのって、あまり考えなくても言える。テンプレがあって、なぞっているだけです。でも実際に話を聞いてみると、テンプレではない。そういうのをもう少し「理解」したいなと思うんです。

岸　「全部わかるはず」とは絶対言わないけれど、「わかる部分はある」と言いたいですよね。フィリピンのボクサーに僕はなったことがないけれど、「泣き真似」をする話は、わかる部分が確かにある。沖縄戦で家族を亡くした人の気持ちなんてほんとうに、わかるわけがないけど、でもそのあとたとえば軍雇用で必死に働いて家族を養ってきたひとが基地容認の考えを持ってしまうことは、それはそれで「わかる」。まだまだ世の中には、わかる部分がたくさんあって、言葉で埋めて近づくことができるんじゃないか。それがぼくらの仕事なんだと思う。

石岡　そうそう、まだまだわかる部分はあるはずだと、私も思っていますね。

＊二〇二二年九月六日蟹ブックスオープン記念スペシャルイベント「調査する人生　岸政彦×石岡丈昇」、および二〇二三年一月二三日『生活史論集』出版記念トークイベント(岸政彦＋石岡丈昇)「ディテールを書く」より構成

第5回
上間陽子×
岸 政彦

調査する人生と支援する人生

今回お話しするのは、琉球大学の上間陽子さんです。沖縄の夜の街ではたらく女性たちの苦しみを描いた『裸足で逃げる』(太田出版)は大きな話題を呼びました。上間さん自身の経験を交え沖縄の現実を語った『海をあげる』(筑摩書房)はYahoo!ニュース―本屋大賞ノンフィクション本大賞ほか、数々の賞を受賞。現在は特定妊婦の出産・子育ての応援シェルター「おにわ」のスタッフ兼代表として支援活動に力を入れている上間陽子さんの「調査する人生」を聞きます。

沖縄の女性たちの調査をはじめる

上間　昨日、お食い初めの日だったので。

岸　「おにわ」(上間が代表理事をしている若年ママの出産・子育ての応援シェルター：現在は特定妊婦対象)で?

上間　そうです。おにわで。昨日私は、一日中ずっと大学で仕事だったので、写真だけでしか見てないんだけど、赤ちゃんの百日記念で、地元の写真館で写真を撮ったんです。支援をしている子は、家族写真を撮るのが生まれてはじめてだったんだって。いい一日だったみたい。

岸　あー、いいなぁ。

上間　すごい綺麗だった。

岸　今日は社会学を研究する院生さんたちにも来てもらってるので、みんなでいろいろとお話をお聞きできたらと思っています。まずは上間さんがどうやって調査に入ったのか、から聞いていければと。すでにいろんなところでお話しされてると思いますが。

上間　風俗業界で仕事をする沖縄の女性たちの調査をはじめようと思ったのが二〇一一年でした。二〇一〇年に、沖縄で集団レイプの被害者が自死してしまう事件がありました。そのお母さんが記者会見を開いたら、ひどいバッシングにあって、その子が通ってた学校も特定され、小学校の卒業アルバムの写真も流出した。沖縄は、未成年の子が狙われて集団レイプをされることは残念ながらある。それで生き残った子たちが、この状況を見ているんだと思ったら、がまんできないというか、しんどいなと思いました。

そのちょっと前に、辻(沖縄の歓楽街)で火災があったときにも、一〇代の子が亡くなっています。その子は家族のお金をぜんぶ払っているくらいの稼ぎ頭で、生活のために性風俗をやっていたということでした。

こういう話ってぽつぽつあるんですよね。学校から風俗をやっている子がいるのですが、どうしましょうというような相談が入ってきて、なかには働いている子のあっせんを実の親がやっているようですと。私は琉球大学の生徒指導の教員で、教職の免許をとるための基幹科目の先生をしています。心身性の不登校であれば、心理系の先生に相談が来る。非行系は私のところにきていましたね。

そういう話を聞いているうちに、未成年のうちから家を出ている女の子たちや、夜の街で働く女の子たちの調査をしたいと思いました。その時期に、打越正行さんと居酒屋で飲む機会がありました。打越さんの調査はずっと好きで、彼が暴走族の調査をしだしたときに面白いなぁと思っていたんです。

岸　あ、打越さんが調査を始めたばっかりのころにもう知ってたんですね。

上間　ずっと知っている。ずっと変で面白い人だなぁって思っていました(笑)。それで、二〇一〇年の事件があったとき、当時の打越さんは、「ギャラリー」と呼ばれる、暴走族の暴走行為を見に来ている女の子にインタビューをしていました。調査をするなら打越さんと組みたいと思っていて、その日居酒屋で話を切り出したら、向こうも同じことを考えていたということで、同時に話をしたんです。

調査をはじめたのが、二〇一一年からです。最初に会ったのは、打越さんの友人や知り合いの、風俗やキャバクラのオーナーの男性たちです。風俗のオーナーにはいろいろと試されました。まず電話をかけて、アポをとろうとすると「上間さん、怖かったら学生とか、新聞記者と来てもいいよ」と言われて。

沖縄の夜の町は、私の地元近くにあるんですよ。だから私も試されているんだなあと思いながら、「ああ、お店の場所、知ってるよ、車どこ停めたらいい？　あの辺だったらあそこに停めるとこあるよね？」と。「なんで知ってるんですか？」「地元、地元。だから一人で行けるよ」。本当はそんなに知らないけど、そう言うと「気をつけて来てください」って敬語になりました。

岸　女性一人では行きづらいとこが待ち合わせ場所だった。わざとそういう場所を指定して、どれくらい覚悟があるか試してるんですね。

上間　そうですね。行ったらやっぱり試されて、例えば「仕事が終わらないから、夜の一一時でもいいか？」と言われたり。いざお会いできたらその人の運転する車に乗るように言われて、「後ろ乗って」と。乗ったら、なかなか本題に入らずに一時間半ドライブしたり。話を聞いたら、実は地元の中学の後輩だったんですね。次会ったときもドライブして、たしか三回目で「ものすごく体調が悪いから手料理を食べたい」と言われたの。いいよ、とにんじんシリシリーとかの入ったお弁当つくって。そうやって、言われたことをやる。それで彼の中で何かを通過したらしい。そこから風俗嬢の紹介が始まりました。

もしかしたらたまたま作った手羽餃子がすごい美味しかったというのもよかったかもしれないです(笑)。美味しい食べ物を渡して、私と会ったら、また美味しいの食べれるよって。それは半分冗談だけど、何でもいいから会う理由がほしいなと思っていました。

岸　「上間陽子の手羽餃子」できっかけ作ったんですね(笑)。

上間　でも本当にちゃんと食べてなかったんだと思う。焼肉とラーメンとコンビニが主食っていってたので。うむ。やっぱり手羽餃子が良かったんじゃないかな。肉肉しい感じがよかったのかもしれないです。……こんな話でいいの?

岸　めっちゃ面白いですよ。

インタビューって面白いな、と思った

上間　そうやって、キャバクラや風俗で働く一〇代、二〇代の女の子たちに話を聞き始めることができてわかったのは、たいていは、子どもがいて、パートナーと別れて、一人で育てるために夜の仕事をしているということでした。

最初に会った子が『裸足で逃げる』にも書いてあった美羽《みう》です。彼女は沖縄のキャバ嬢としては珍しいんだけど、お父さんとお母さんがいて、大阪の専門学校に進学していた。ところがそこでつまずいて、人間関係がうまくいかない。言葉も違うしね。綺麗な子で、大阪で夜の仕事を始めたら、お酒がすごく強くて、一〇リットルくらい飲めたとのことで、彼女がいると店が儲かる。そんな感じで大阪で働いていていました。

そしていろいろあって沖縄に帰って来たんだけど、地元でも浮いていて、なんとなく夜、働いたそうです。そこで中学時代にバスケ部だった美羽と、ネグレクトの中で育った翼が

同じビルの姉妹店で働いて出会っているんです。それからふたりで、一緒にご飯を食べたり、お買い物に行って、美羽はとにかく翼にすごく助けられたという話をしていたんです。それで翼に会わせてと言ったら、紹介してもらって会うことになりました。

そうして翼に会って「美羽があなたにすごく助けられたって言ってたよ」と言ったら、急に翼が泣き出したんです。「自分の方が美羽に助けてもらったのに」って。同席していた打越さんが慌てふためいて、自分の首に巻いていた手ぬぐいを差し出して(笑)。

岸　ははは(笑)。おっさんの首に巻いてる手ぬぐい、使わないですよねえ……。

上間　それでは拭かないでしょうと思って、私のハンカチを差し出しました。それでやっぱり私のハンカチを選んで翼はぶわって泣いたんです。その時に涙の拭き方が本当に綺麗だった。キャバ嬢は四五分から六〇分枠でどれだけの自己物語をつくって客に消費させるかが勝負だから、この子は仕事歴が長いなと思いました。

そこではじめて翼からDVを受けた話を聞きました。翼が夫からひどく殴られた直後に、美羽がアパートに駆けつけてくれた。美羽は翼に「大丈夫?」とは聞かなかった。大丈夫じゃないことがわかっていたから。青あざの残る翼の顔を見て、美羽は自分の顔にも同じように青あざのような化粧をしたんです。それで一緒に写真を撮ったということでした。

それで思い出したのが魚喃キリコの『BLUE』です。高校生の女の子が、もう一人の女の子に人工中絶をしたことを打ち明け、その相手の男と別れようとする前に、髪を切ってもらうシーンがあるんですね。こういう時に女性同士で触るのって、髪だよねって私は当時読んで納得したんですよ。でも美羽と翼の場合は顔だった。『ＢＬＵＥ』のうちひとりは、地方の高級マンションに住んでいるので、階層による文化差もあるように感じましたね。女性どうしのケアのシーンをみたときに階層的差異を感じたんですね。

そうそう、「夫の暴力で鼻が折れた」という話を翼がした時、たぶん打越さんが無意識に、翼の鼻を見ちゃったんだと思うんですね。それで翼が手で鼻を隠しながら話し出したんです。もう、打越さん、目線のコントロールができていない……と思っていたんです。翼がトイレに行くと席をたったら、打越さんが、「ワシ、臭いますかね」と言うんですよ。「昨日焼肉食べたんですよ」、と。「はーして」といって、「くさくないから黙ってて！」といって、インタビューを続けました。インタビュー後に、近くのモスバーガーに行って、地獄の反省会が行われた……。

岸　地獄の……（笑）。上間さんと打越さんと二人で。

上間　夜の一〇時から一二時までインタビューして、そのあとだいたい夜中の二時まで反省会をしていました。その日は、「打越さんがくさいんじゃなくて、翼が鼻の話をしたときに、ジロジロ鼻を見たからだよ！」と言ったら、「くさくなくて良かったです」と言うので、「良くないよ！」と言って。あとは、話の持っていき方、打越さんはあの時に、ああいう息継ぎの仕方をしたけど、こういうふうにした方がいいよ、とか。そんな話を延々やって。打越くんも真面目だから、私との話し合いの録音をとって、あとで何回も聞き返すんですよ。私におこられているのに。でもまあ、次頑張ろうねという話をして。

こういう時間のなかで、やっぱりインタビューって面白いな、と思ったの。私はずっと参与観察をしながら、エスノグラフィーをやってきて、事細かにどんな順番でなにが話されたのかを覚えるのが得意だったんですよ。だから本当に天職だと思っていた。でも三〇歳を超えて、覚えられなくなってしまった感覚があって、フィールドで区切りのない時間をすごすのがむつかしくなったんです。でもインタビューをやってみて、お話を聞くのはやっぱり面白いし、聞かれてない話がまだ沢山あるなって感じたんです。

例えば、性愛やシスターフッドの象徴として、魚喃キリコの『BLUE』では髪の毛が描かれたけれど、翼と美羽は化粧でお顔なんだなぁとか。世の中で流通しているのは、階層的に高いバージョンの話ばかりなのかもしれないとか。私はそこをもっと聞いていきたいと思いました。

「沖縄は絶対にやらない」と決心した院生時代

岸　上間さんはもともと参与観察をしていたんですよね。

上間　大学院は東京に行って、修士課程では東京の女子校に三年間通っていました。クラスの中に席があって、そこに座って見ている感じ。

岸　教室で子どもたちと一緒に座ってたんですね。どうして東京で女子高生のことをやろうと思ったんですか？

上間　それは大事な質問ですね。大学院に進学した初日、ある先生に「沖縄出身なら、沖縄の女の子のことをやったほうがいいんじゃないか？」と言われたんですよ。それがものすごく頭にきて。「私が沖縄出身だからといって、沖縄のことをやれというのはすごく暴力的だと思う。やりたいなら、あなたやってください」と言ったんです。

岸　ははは。初日に教授に向かって言い返した。

上間　指導教員ではない先生ですけどね。でもこの先生が偉かったのは、その場ですぐ謝罪してくれたんですね。「本当に申し訳ない」と言ってくれた。

岸　偉いですね。

上間　「沖縄の女性の研究をできる人が本当に少ないので僕はそう言ってしまったんだけど、上間さんがやりたい調査研究を、東京で探してやっていくのがいいと思います」と。

岸　僕も若くてアホだった時に、後輩に同じようなことを言って、謝ったことがある。「せっかく当事者性を持っているのに、やらないともったいない」と言ってしまって、「なんで岸さんにそんなこと言われないといけないの」と激怒されて謝った。僕らからすると、当事者性が「うらやましい」んだよね……。当時僕は、沖縄のことをやりかけていたけど、内地から来たやつになにが分かるのか？　と言われるわけで。

上間　私はそれで沖縄は絶対にやらない、沖縄を売らない、と決心しました。東京でやるなら、一番強そうな女子高生をやりたいと。それで高校で参与観察を始めました。その高校はギャルが多くいる女子校でした。みんな茶髪や金髪で、学校がトウモロコシ畑みたい。渋谷で遊んでいる子もいるし、ギャルとしてテレビに出演している子もいた。「ギャルをナンパできる学校ナンバーワン」とスポーツ紙にもよく書かれていた。

岸　それは教室にいて、生徒に話しかけたりするわけ？

上間　うん。一緒にいて、なんか変なこととかあったら一緒にツッコんだり。まぁ仲良くなるよね。

岸　それなりにクラスの一員になって？　でも生徒たちから見たら「いいオトナ」が入ってくるわけでしょう。

上間　私も若くて、M1（修士課程一年）の調査だったから。ギャルが好きなコギャルオタクなんだろうなと思われていました。安室奈美恵ちゃんが流行っていた時代でもあったし、私もギャルギャルした恰好で学校に行って。

岸　あ、自分も。

上間　そうそう。ギャルみたいなブーツ履いて、服装やメイクも巻き髪も頑張ってました。彼女たちが、私と話したり歩いているのを、他の友達に見られた時にウザいと思われないように。

「強いコギャル」の話を書きたかったはずなのに

岸　そのときの写真見たいですね……。なんでギャルが対象だったんですか？

上間　当時は、宮台真司さんが援助交際について書いていて、SWASHの前身となるようなセックスワーカーの当事者団体が出てきた時期でした。「売る売らないは私が決める」といった議論があって、援助交際をやっていても傷つかないセクシュアリティや性規範があるのだといわれたんです。論壇でも、大人たちが彼女たちの言説を尊んでいる感じがした。

確かに性は自由なほうがいいし、女というだけで消費されるのであれば、徹底的に商品化するのはロジックとしても綺麗だなと。そうだったらいいなぁと思って、私は調査をはじめました。「強いコギャル」の話が聞きたかったんです。私は沖縄の地元で女の子たちが、性に傷ついて疲れた顔を見てきたので。

でも実際に行って話を聞いてみると、みんな性規範から自由ではないし、すごく奥深く悩んでいる。援助交際をしていた子に、妊娠した子どもが誰の子どもかわからないと相談を受けて、結局その子は学校を辞めることになってしまったり。

あとは中学から書いていた日記を読ませてくれた子がいて、はじめて性行為した日の景色がものすごく悲しかった。殺伐としている。「自分の大事なものをあげたけど、それで何が変わったんだろう」と書いていて、「あげる」って性的な主体でもなんでもないと思った。

彼氏がギャングの抗争で人を殺してしまって、会えなくなって、泣きながらその話をする子もいました。結局、地元で聞いた話をまた聞いている感覚。うわぁ、一緒だなぁ。私は「強いコギャル」の話を書きたかったはずなのに。こんな話がどんどん出てきて、どう扱っていいのかわからなくなった。

当時は、性行為や援助交際について発言するのが流行っていましたが、だからこそ分析対象にはしませんでした。流行っている分、そこに話が持っていかれるかもしれないと思って。

岸　そういう話をたくさん聞いていたけど、書かなかった？

上間　書けない。扱えないと思っていました。性的自己決定があって、主体的に生きていて、パンツを売っても傷つかない。そんな「強いコギャル」の話が私にとっては救いに見えたから、そういうことが書きたいと思ったのに。でも実際は何も変わっていない。なのでそこは書かないことに決めました。当時の言論の磁場の中で、単にどっちかにいっちゃう、消費されるだけだという思いもあって。

岸　でも一方で、研究者だったら、嫌な言い方ですけど、「おいしい話」でもあるわけじゃないですか。学会に出したら話題になるかもしれない。でも上間さんは書かない方を選んだんですね。

上間　私にもう少し力があって、クレバーだったりしたら、また違ったかもしれない。でも彼女たちの話が、私には痛々しかったんです。そう、痛々しかったんですよ。

岸　私も、結局書けずにいる話がたくさんありますが……。上間さんの話を聞いていると、最初からコミットメントがある感じがするね。書けないってコミットメントじゃないですか。割り切れる人は、書いちゃうと思うんです。でも上間さんは割り切れない。

上間　そうかもしれません。結局、論文には違うことを書きました。例えば教室の中にいると、中学までのいじめられ体験を聞くことがあります。いじめられた地元から離れるために、遠くにあるこの高校まで来て、いわゆる「高校デビュー」をする。高校ではイケてるギャルとしてふるまう。

そして、いままでの自分が受けた傷つきを、違った形でパフォーマンスすることで元気になっていく。教育学の分野では発達論的に捉えることもできるんです。だから金髪にしてトウモロコシ畑の一員になることもすごく大事なんです。その話も十分面白いし、大切だと思ったから書きました。

岸　最初から言われたとおりに沖縄の女の子のことをやるのではなく、一回東京で参与観察をしたのは、良かったと思いますか？　東京の女子高生の援助交際の話を聞いて、沖縄と一緒なんだなって思ってまた沖縄に帰ってくるわけですよね。

上間　良かったと思います。だけど「私にはこの話は書けない」という自分の気持ちとは、東京でもう少し闘うべきだった気がする。どんな形だったら書けたのか、もっと考えてもよかったはずだけど。いま思うと、頭でっかちだったなとも思うし、逃げたんだと思います。実際に現場に行ったら自分がよく知っている世界だった。その時に、「宮台さんも河合隼雄もわかってないな！　実際は違う！」と思いきれたらよかったんだろうけどね。

「話がまとまるまでいなきゃ」って思う

岸　上間さんはどれくらいで就職したんですか。

上間　二〇〇四年、三一歳の時。琉大に就職して沖縄に帰ります。

岸　就職、早かったんですね。そこから打越さんと出会って本格的に調査を始めるまでは、どんな研究をしていたんですか。

上間　国際比較調査をしていました。統計も教えてもらいながらやっていて、東大の本田由紀さんや中村高康さんのような方たちと一緒に仕事をしていたんだけど、技術のすごさや知識量だけじゃなくて、統計的センスみたいなものが私とは全然違うなと思ったんです。数字が何を言っているのか、あたりをつけてデータをつくるセンスと技術が抜群なんです。あとはふたつの高校でパネル調査も継続的にやっていました。こちらはゼミ調査ですね。私は捕捉率が高かったですね。八年やって六割くらいで、ダントツでした。でもその時、あるひとが単独で本を出して、自分が会い続けてデータをとって、捕捉したように執筆したんですよね。で、本当にうんざりしました。黙っているゼミのひとも、教員もそのひとも。共同調査だから問題ないというスタンスですよね。いまだに納得していません。

パネル調査は、会い続けられない調査の設計できないんですよね。メールをおくったり電話をかけたりしたら「パッ！」と反応してもらって応答があるかどうかが大事なんです。そういうノウハウも含めて調査だと思っていますが、組織を大事にして個人を大切にしないゼミだったと思っています。でもいま思うと、統計は面白かったです。数字の快楽ってあるんだなと思ったし。大きなデータを使って、どんな提言をしていくのかという価値も感じていました。

岸　そこから打越さんと出会って、沖縄の調査をやっていくわけでしょう。ものすごく話題になった『裸足で逃げる』を上間さんが出版した時に、荻上チキさんのラジオに出ていた(TBSラジオ「荻上チキ・Session-22」「沖縄の夜の街に生きる少女たちの現実〜『裸足で逃げる』が話題の上間陽子×荻上チキ」二〇一七年三月一日放送)。この前その放送を、ラジオクラウドで聞き返したの。そうしたら上間さんが、「私は支援者じゃなくて、研究者であり調査者なんで」と言い切っていた。でもいまや自分でシェルターの「おにわ」を開設している。

上間　うっかり……。私の人生は、いつもうっかりなんです。

岸　『裸足で逃げる』の調査自体、僕から見ると、半分支援のように見えます。例えば、中絶の時に一緒に病院に行ったり、交通事故を起こした子と一緒に自首しに警察に行っているわけでしょう。それは調査の最初から意識的にそうしようと思っていたんですか。

上間　思っていないです。交通事故を起こして、そこから逃げてしまった優歌の話を少ししてもいいですか。『裸足で逃げる』では書かなかったけど、優歌がひいてしまったのは元米兵だったんです。一緒に暮らしている彼氏が家に帰ってこなくて、一週間眠れない中、フラフラになって運転して、バイクに乗った人をはねてしまった。米軍関係者だったから優歌の彼氏の住む地域に、ひき逃げ犯を探しているというお知らせがダダダっと貼られた。

何日か経って優歌は私に連絡をくれたんですが、その時の彼女はなにも話せなくて。後日、優歌のいとこから、ひき逃げの話を聞いた。ひき逃げで使った車は優歌の彼氏のものだと聞いてさーっと血の気が引きました。優歌の彼氏は殴る人で、自首に行った日は地元の親戚とバーベキューをしていたんですね。本当はその日のうちにその車を使って現場検証をしないといけなかったのですが、親戚のいるタイミングで警察が現れたら、優歌が殴られてしまうと思ったんです。だから次の日にしてほしいと警察にお願いしたんです。人生で初めての土下座してでもお願いしたいという思いで、しかも警察に(笑)。そしたら、自首は成立したので、明日あなたが彼女を連れてきてくれるならば、と上司にかけあってくれました。

岸　みんなの前で警察が来ると、俺の顔をつぶしたと言われるだろうと。

上間　そう。で、今度は優歌が殴られるかもしれないから、彼氏と一緒に住んでいるところまで私も付いて行ったら、その彼氏が「外人さんかわいそうだろう！」って怒鳴ったんです。自分が家に帰らなかったのに、こんなこと言うんだって、忘れられないですね……。私がいるから殴ることだけはしませんでしたが、私はなんか言葉を失ってしまって。そのあと、優歌は部屋から荷物を持ってきて、シャンプーとリンスと本当に小さな小さな荷物しかなかったんです。この世の中にある彼女のスペースそのものだ、と思いました。

それから優歌の実家に連れて帰りました。そうしたら、お母さんが優歌と私のことを無視したんですよ。目も合わせなかったんです。まずいな、優歌を残して帰ってもこれでは話がまとまらないな、と思って、話がまとまるまでいなきゃって思うでしょう。そうやって、いろいろ聞いてしまって、付き合ってしまうんですね。

岸　関わりのタイムスパンが長いですよね。例えば、一緒に自首したときに、じゃあこれでと帰るわけじゃない。今日は親戚でバーベキューをやっているから、警察と一緒に帰ったら、「顔がつぶされた」と感じた彼氏に殴られてしまうと判断して、現場検証をずらしてもらったり。一緒に彼氏のところまで行かないと殴られることも見えているから、一緒に行く。そういう先が読めるところが、上間さんのすごいところだと思いました。

上間　私は「寄り添う」って言葉が嫌いで、仕方なくやっているんですよ。基本的にはめんどくせぇ！　と思いながらやっています（笑）。

支援に振り切りシェルター開設

岸　そうやって気づくとシェルターをつくっちゃう。

上間　そうそう（笑）。

岸　でも上間さんは調査のあとに、吐いたりしていると言ってましたよね。お話を延々聞いて、帰りの車で吐いてしまう。

上間　うん。吐いたインタビューは何回かある。以前、カウンセラーの信田さよ子さんとお話ししたときに、信田さんは全然吐かないし、話を聞いている間、どんどん俯瞰していると言ってました。うんと遠くまで行って、マッピングを取るような話の聞き方をしている。ひとつひとつの話にある禍々しさみたいなものを、身体的に引き受けるのとは違う感じで、本人は「解離だと思う」と言ってました。私はあまり俯瞰できないところで話を聞いているんだと思います。先の行動が見えるので、おそらく分析はしているんだけど、その時のリスクをはかっているだけであって信田さんのような構造的な分析とはちょっと違うんだと思う。

岸　そのあたりについて「個人の資質」と言ってしまうと、話は終わっちゃうんだけど、上間さんには最初から一貫している感じがあります。沖縄のことをやれと言われて反発して東京のことをやっているんだけど、そこで性的な話を聞いて書けないと悩んでしまう。それはコミットメントがかなり深いからですよね。例えば上間さんって「風景」ってよく言うでしょう。

上間　ああ、そうかも。

岸　上間さんは語り手が見ているものが見えているから「風景」って言うんだと思います。だからこそ自分の身体も傷ついてしまう。

上間　そうなんですよね。この点はむしろずっと不思議です。話を聞いているのにその人の風景をみえない人がいる、ということが。ただこれまでの調査では、自分がその子の視点をもって、その上でどうするのかを考えていました。ですがいま支援をする中では、それとは違う力技が必要になっています。支援をするときには、ひとつのケースだけでも、関係機関など様々な人たちと関わりながら、それぞれの利害関係を見ながら医療カンファや要対協(要保護児童対策地域協議会)を起こしつつ動かないといけない。関係各所を説得するための言葉が私にはまだないですね。そこが難しいなと思っています。

「おにわ」は生後一〇〇日までいられる一〇代のママたちが入れるシェルターです。琉球大学の同僚と相談して、全国のシェルターで初めて大学の医学部が出産受け入れ病院になっています。

当時、沖縄にあった民間の若年女性支援のシェルターに違和感を持っていたこともあって。調査をしてきた子たちのプライバシーが侵害されるようなテレビへの強制出演や暴力事件があったりね。二年ほど弁護士チームをつくりそこで起きた問題への対応に追われていて、ずっと調査の世界に帰してくれと思っていたんだけど、ある日もういいやと支援の方に振りきっちゃったんです。

岸　私が作るしかないと。

上間　はい。でもそれは自首に一緒に行ったことの延長なんですよ。女の子たちの話を聞いちゃったからなんです。

岸　「聞いちゃった」っていうのは、それはほんとにそういうことありますよね。聞いてしまった。見てしまった。関わってしまった……。それまでの沖縄の若年女性や母子生活支援はどのような状態だったんですか。

上間　まず母子生活支援として、母子寮があります。家族のなかで子どもや赤ちゃんを育てるのが難しい人が入所できる施設です。月々の家賃がいらなかったり、保育園の送迎もしてくれる場合もある。二年間から三年間入れます。

沖縄には三カ所の母子寮があって、私が調査をしている子にも何人か入っている子がいました。沖縄の母子寮は、出産が終わってからじゃないとエントリーできず、産後一カ月は使えません。一番大変な時期に保護できない難しさがあります。

もうひとつ、うるま婦人寮と呼ばれる婦人相談所に併設されている施設もあります。ただここに入る前は女性相談所に保護される。そこは携帯電話が禁止なので、若い子にとっては耐えがたい。殴られてもいいから、そのまま家にいる選択肢を取ってしまう子たちがいます。でもうるまのワーカーさんの力量は高くて、むつかしいケースをよくみていると尊敬しています。

岸　沖縄でシングルマザーの調査をしている院生さんからいろいろ教えてもらっているのですが、母子寮には不文律ながらも、恋愛禁止のような慣習があるといいます。子どものための施設ではあるから、若いお母さんにとっては刑務所のような環境に感じられてしまう。

上間　場所によりますかね。それこそその代表によって運用がバラバラでカラーが決まってしまうのがよくないように感じます。そもそもママが元気にならないと、子どもは育てられないと私は思っています。

私がやっているのは、それぞれを特別扱いすること

岸　そうして上間さんは支援をはじめたと。でも上間さんがやっていることって狭い意味での「支援」なのか。例えば、公的な施設には厳しめの規則がありますよね。携帯数週間禁止や、慣習であっても恋愛禁止のようなもの。でも規則があるのにも一定の理由があ

って、施設の中で出会い系アプリをやって、連れ出してくれる男性によりかかってしまうようなことも聞く。
一見すると施設は強権的に見えるけど、まずは自立できるように、社会復帰させなきゃ、真面目な男と付き合う方がいいんだという思いがある。そこには、訓練し、指導するような発想があると思うんですよ。でも上間さんにそうした発想はないでしょう。
上間 うん。その人の人生ですし、長くみた時にそういうアプローチがいいとは思いません。自分で決めていく体験なくして、生活は作れません。自立の前に傷つきをどうにかしたい。だけどもちろんDV男とは別れてほしいと思っていますよ。
岸 でも「そのために訓練する」という発想ではないよね。
上間 訓練でできないからですよ。人間をバカにするなと思いますね。なんだろうな。私がやっているのは、しっかり話をきくことと、それぞれを特別扱いすること。めちゃくちゃ贔屓している。それぞれに「こんなの、あんたにしかしないよー」って思ってる。まぁそうだし。世の中にはこういう大事にされ方があるんだよと。まぁ、二十歳になったお祝いをしてますけど、本当にかわいいからかわいいねと言ってるんだけど。大人みんなで愛でている感じ。それが何？と言われたらわからないんだけど、人間は大事だよ、特別だよという感じかな。それはDV男や風俗のオーナーたちが何かを奪うために承認しているのとは違っていると思います。

岸　東京の女子高生の話を聞いて、性的なところが書けなかったのとつながっている気がするんだよね。ジャッジしないところがある。ある種の研究者にとっては、データって「手段」だと思います。自分の政治的な発言の正当性の根拠として使われることもあるじゃないですか。でも上間さんには、そうした使い方がそもそもできない。

上間　でも、政治的主張はありますし、やっぱりデータ自慢したい誘惑はあります。だからそうする人を完全に批判できない。

岸　僕らは全員なんらかの政治的な主張をしているんだけど、上間さんは語り手の語りを何かのために使わないで、そっとしておくようなところがある。同じように「おにわ」というシェルターをつくったけど、社会復帰をさせるためではなく、ただ入ってきてもらうための施設をつくったわけでしょう。だから最初からつながっているんだなと改めて思った。

上間　そうそう。しいていえば「安心する」という感覚や自分を大事だと思うことを知ってほしいとは思っています。昨日、お食い初めで、振袖を着た子は、家族で写真を撮ったことがないっていうんです。じゃあ、振袖着て、赤ちゃんと写真撮ろうと言った。その子のお母さんと面談したときに、その話をしたら「こいつだけ、かわいい着物着たら、下の妹が怒りそう」と言うので、「じゃあ妹さんも含めて家族で撮りましょう」って。そのお母さんもまだ若いんですよ。若い時期に子どもをもってふんばってきた。ただいい時間をすごしてほしいんです。うん、こんな感じ。

岸　でもちょっとしつこいけど、施設側の言い分もあるわけでしょう。現実主義というか、この子が施設を出たあとに、自分の子どもを養えるようになってほしい。時間を守って真面目に働いて、すぐ恋愛に走ってはダメですよと。それなしでやっているなら「あそこ何しているんだ」と思われたりしないのかな。

上間　だからね。これから悪口言われるかもしれませんね。でも、三、四カ月おにわにいた子は、予後が結構いいんですよ。ＤＶ男と別れられたり、沖縄で大手会社に就職している方もいるし、就職したあと、いまから学校に行こうとしている方もいるし。

岸　なるほどねー……。そういう「やり方」みたいなものは、自分の中でくっきりした議論になっているんですか？管理しない、訓練しない、ただ褒めるみたいな。

上間　まだなっていないですね。褒めるし美味しいご飯を食べるとか、生活全体の安心をみていますかね。あとは、お掃除をする。あなたのいる場所を綺麗にしている大人の姿をきちんと見せる。調査をしている時に、話を聞いている子のお家を掃除しに行ってたんですけど、私が家事をしているのを見たがるんですよ。掃除とかなんでいいんですかね……。もちろん赤ちゃんが誤飲すると、一時保護にもつながってしまうということもあるのでリスク管理もあるけど、空間を整えている大人をみせていますね。

岸　入所する子に彼氏ができたときはどうしていますか？

上間　え？　別に当たり前ですよね。一〇代の子たちなので、いろいろ関係を試して失敗したりときめいたりするの大切ですよね。でも暴力は心配していますよ。ダメージが大きいので。例えば、ＤＶ彼氏と付き合っている子が、毎晩三〇分から一時間消えることがあったんです。私が話を聞く切り込み隊長を命じられて「九時から九時半いないけど、どこで何してる？」と聞いた。

そうしたら「コンビニで甘いジュースとお菓子食べてる」って言うんですよ。「ごめんね、おにわにはヘルシーなお菓子しかないよね」と言って。そしたらその子が、「子どもと部屋にいっしょにいたらさ、辛くなることがある」って言い出したんです。「そうだよね。大人は大人といっしょにいたいから当たり前だよ。子どもを預けて、外出ができているのはいいことだよ」と言ったら、「その時タバコも吸ってる」って言うんです。もう愛しいなぁと思って、同時に、まだ子どもなのに誰かをケアする人になったんだなあと思ったら泣けてきて。「そうか、分かんなくてごめんね、言えなかったね」と言ったら、その子も「自分も言えなくてごめん」と言ったんです。

「その人」が知りたいんですよね。その人の理屈が知りたい。でも大人だからわからないし軽んじてしまうんですよね。教えてもらえたときには、こっちがわかってないというか。だから基本的には謝罪ベースで接しているかもしれない。やっぱりこの子たちは、大人は嫌いだし、大人に自分の欲求が認められるなんて思っていないんです。だから、自分の思っていることを言えない。いままで大人が言わせないできたから。あと、リスクが高い時に、私たちに連絡してくれるかはキーなのでそれは忘れずにいます。

それで、この子の場合実際に彼氏のところに帰るという時は、すごく美味しいケーキ屋さんのケーキを発注しました。それで、彼氏に私からねぎらうメッセージを書いた。「〇〇さんへ、パパになって頑張っているね、おめでとう」と。女の子が安全なほうがいいから、それはやります。手紙も書きました。「おにわに来ることをゆるしてくれてありがとう」と、「あなたのおかげで母子ともに元気に帰ることができました」と書いて。その子からも連絡があって、「彼氏が上間さんの手紙、しょっちゅう読んでたよ」って言ってぃたんです。支援に入ってわかったのは、時間を稼ぐことの大事さです。五分、欲しい。DVの現場って五分の時間を稼ぎだせば逃げることができるんです。

岸　人間関係の、本当に二、三人先まで見えているよね。あとおにわのインテリアかわいいよね。

上間　こだわってる。使っているのはＩＫＥＡとかで安いけどかわいくて、ところどころＩＤÉＥとかもまぜていてシャビーシックな感じにしてる。写真を撮ってInstagramにあげたときに、その子がちょっと威張れるようにしています。

岸　ここに入りたいなと思うように。私もクリスマスツリーを寄付しました。

上間　岸さんのツリーセット、すごいの。クリスマスツリーにライトが三つくらい。どこもかしこもピカピカで、クリスマスが終わっても、赤ちゃんがピカピカしているのが好きだから、ライトはつけてる。あとはご飯も美味しいみたい。スタッフさんがご飯つくるのに命をかけてて、蓮根とかすってて本格的なんです。でもそれだけでは入居している子はつらいから、インスタントの日も作っています。

岸 つくる人も大変だし、ジャンクフードも美味しいもんね。

上間 あと、怒ったりもしない。最近、入っている子と話し合いをしたときがあって。そのあとに、他の支援者の人に「上間さんと喧嘩して自分は文句言ってやった」と言っていたらしい。私としては、まったく怒ってないし、喧嘩なんかしてなかったと思うんだけど。それでその意味を考えていたら夜中に突然、赤ちゃんの写真が送られてきたんです。あー、これが仲直りの意味なんだなあと。いやいや、喧嘩していないよ、怒ってないよと思ったんだけど。その子が言うには、おにわのスタッフは本当は怒っているはずだというんです。それなのに、みんな優しいから、笑っちゃうと。

岸 「自分は怒られてる」という気持ちでずっと生きてきたんでしょうね。

上間 そう。だから怒られないとバグってしまう。それでこの子のお母さんと話している時に、お母さんが「もうこいつに信用ないし」と、目の前でうわーっと文句をいったんです。そうしたらこの子の顔が閉じた。こうやって乗り切ってきたんだ、この子、と思って。

そうしたら同行していたスタッフが、「私は○○○のことを応援したいと思っているよ」と言って、お母さんが「そうなの?」と驚いていた。お母さんもまわりから怒られると思っていたんだなあと思いました。

本当にいろんなスタッフの方がいて、協力してくれています。看護師さん、助産師さん、あとは法律に詳しい方や、生活保護のワーカーさん。

岸 支援者ネットワークはインフォーマルなんですか。

上間 はい。いちから作りましたけど、友人ばかりですね。横のネットワークがない施設が大変なことになっているのを見てきて、シェルターを作るときにはネットワークを絶対作ろうと。

岸 自分ひとりでやらないと。

上間 それは絶対無理です。

岸 でも大変じゃないですか、繋がりを作っていくのは。

上間 めんどくささはありますが、まあ一〇年沖縄で調査をしているので、どんな人に声をかけたらよいかだけはわかりました。

岸 でもよく作ったよね、そんな場を。

上間 生活臨床は入ってくる情報もいっぱいあるし面白くはある。調査でわかることよりも、いろんな情報がある。

岸　そこで自然に喋っているうちに、その子の風景がわかってくる。書かないの？
上間　本当は、書きたいことがあります。
岸　記録は残している？
上間　いやー、残していない。スタッフみんなで記録はずっととっていますけれど、いまはただただ、そこにいるだけで、いっしょにすごしています。
岸　でも上間さんなりの調査をやっているんじゃないかな。上間さんや打越さんの調査を言語化する仕事をしたいなと僕は思っていて、二人がなにを書いているのか、社会学的にどう言えるのか。支援というよりは、理解だと思うんだよね。他者理解の、ひとつの在り方なんだろうと考えています。

加害者の語りをどう書けるのか

岸　せっかくなので、院生の皆さんからも上間さんに質問があれば。

Q　先ほど岸先生が「上間さんは相手の景色を見ている」という話をされていたと思います。ここについてもう少し具体的に知りたいです。

上間　なんでこの人は、こんなことを言っているのか考えて、どんな生活の中にいるか考えますし、その人の地元を歩きますね。それでこういうことかと腑に落ちることがあって。私は正義感がわりと強い方なんですよ。それは自分でも良くないことだと分かっている。バランスが悪い感じがずっとあります。

はっきり変えようと思ったのは、高校の時に、最悪の先生がいて、その人が最悪だって話を友達としていたんですよ。そしたら友達に、「彼はこういう風に育ったんじゃないかな。でも彼の器ではしょうがない。そこまで考えて行動できる人じゃない。人間には器があって、そこはあんまり変わらないんだよ」と言われて本当に驚いた。だからこの友達は人のことを分析できるし、その上でも寛容で優しいんだなと思った。

考えてみると、人にはそれぞれの文脈や風景がある。その先生がやっていることを、私は最悪だと思ったけれど、でもそこには一定の了解はある。

院生 それは岸先生がいう「他者の合理性」のようなことなんでしょうか。

上間 そこまで俯瞰して考えているかな。「寂しかったんだな」みたいな感じなんじゃない。

岸 それは他者の合理性ですよね。一見すると非合理的な行為も、じっくり話を聞くと、そのひとなりの理由がわかってきたりする。そういう、そのひとなりの理由のことを、最近私は「他者の合理性」という言葉で表現しています。だからね、「寂しかった」もそういう理由のひとつだと思う。

上間　例えば、さっき話した夜にコンビニに行っていた女の子の話だったら、女の子の目で、赤ちゃんを見ている感じの聞き方をしている。いままでは、コンビニでお菓子買って食べたり、タバコ吸ったりするのが普通だったのに、赤ちゃんを育てるからって、そこから丸ごと引きはがされたら、寂しい感じがしますよね。「お菓子とタバコよりは、おにわの健康で美味しいご飯がいい！」とは思わないし、その子が寂しいと思う気持ちを、変更させようという気持ちはないです。

岸　加害者の理解についても聞きたいな。『裸足で逃げる』では春菜という女の子に長い間売春をさせて生活してきた和樹という男が出てきます。『海をあげる』で上間さんは、当時東京でホストをしていた和樹に話を聞いていますよね。

上間　そのときも、ストンと腑に落ちたことがありました。和樹に東京で会ったとき、整形していて肌もピカピカだったんです。それで、和樹がコルセットを巻いていて痛いと言って、パッと服をめくって肌を見せてきたんです。あ、これは女の子と一緒だと思ったんです。女の子が相手を身体的に取り込む時のパフォーマンスだと。

例えばキャバクラでは、女の子がお客さんに、「日焼けのあとがついちゃった」とか言って触らせたりします。それでギョッとさせたり、キュンとさせたりする。自分のすべてを資源化する場所にいる女の子はよくするし、私も見せられることがある。私はそういう時、「かわいいね」と乗ります。そういうのを見るたびに、この子は何もかもを使って生きていこうとしているんだなと思ってきました。和樹の姿を見て、同じなんだなと腑に落ちたんです。

岸　集団自決で自分だけ生き残った男性が、そのあと軍作業で生きてきて、基地容認派になった生活史の語りを聞いたことがあります。僕が編者となった『生活史論集』(ナカニシヤ出版)という本のなかで、その男性の生活史をもとにした論文を書きたいと思った。沖縄戦で壮絶な体験をしているのに、米軍基地に反対しないんです。でもそれは、そのひとの戦後の生活史の語りを聞いてると、なんとなくなるほどと思わされるものがある。沖縄のなかでも基地にたいするいろんな意見や態度があるのですが、単に保守とか革新とかに分類して大雑把に括れない、複雑な歴史的経験を書こうとしたんです。

でも、その本をつくるためにZoomでやってた研究会で、こうした人が家の中でも、そして基地反対運動に対しても、家父長制的な権力をふるっているんだと上間さんから指摘がありました。

上間　そうですね。

岸　あの時、上間さんは別に僕に対して「書くな」と言ったわけではないけれど、僕は悩んで、結局語り手を違う人にした。どうやったら書けるんだろうといまだに考えています。

上間　あの時、ちょうど国策にまきこまれた地域で性暴力を受けた女の子の話を聞いていました。その子は複数の人にレイプされていましたが、地域はそれを隠蔽しています。男の人たちが自分なりの理屈でもって、女を所有物のように扱っているという事実があり、その時に地域の有力者の男の人が見ていた景色がどんな景色であったとしても、許されることではないと私は思います。私の大事にしたい視点は決まってしまっているので。

だから和樹の話は、子どもの時の彼に焦点を当てたから、彼の被害者性も書けたのだと思います。そうした作戦で書いたと思うんだけど、でも大人になった彼が主体としてやったことは残りますよね。

岸　だから書けないわけじゃないですか。書くと責任解除になってしまうから。

上間　岸さんの言っていること分かりますよ。聞いたけど、書けない人は何人もいる。例えば、打越さんが話を聞いている人の中には、女性にDVをした人もいる。当時のDVの話を聞いていた時、それはダメだよと私は思っていた。それから一〇年以上も彼と付き合ってきて、そうすると彼がだんだんと当時のDVの話を話せるようになっていく。暴力をふるったあと別れた妻にどれだけ謝っても許してもらえないこと。でも彼女が困窮したら必ずお金を持っていくのは彼なんです。子どもに熱が出たら、預かって面倒を見ていることも知っています。そういう形で彼のことを多面的に知りその文脈をわかった時に、彼を書くことや、彼がやったことの問題性も書けるんじゃないかと思っています。

岸　人の理由について僕は書きたいと考えていて、でも僕自身はワンショットサーベイで、一人に踏み込んで付き合うわけではない。その代わり沢山の人の話を集めて聞いている。いま、加害者の理解について書けないところでずっと止まっているんです。

それには語り手側が加害者であるという理由があるし、書くとするなら僕の方にも理由が必要だと思うんです。例えば、家父長制的な男性の生き方を、書いちゃいけないわけではない。でも僕の方に書く理由がないのに、ふんわりと「これがウチナーンチュの生き方です」ぐらいの浅いコミットだと書けない。絶対にこの話を書きたい、責任解除してもいいから、書きたいことがあるんだ、と覚悟するぐらいでないと、読んでもらえないんだろうな。

調査相手との距離・関わり方

Q 以前、上間さんの講演を聞いたことがあります。傷を抱えた方に話を聞くときに、自分自身のトラウマも呼び起こされるような瞬間があるとお話ししていました。それに対して上間さんはどのように対処しているのでしょうか？

上間 自分のトラウマが刺激されるような話は確実にあります。あ、受けちゃったな、きついな、自分はこういう話に弱いんだなと思う。だからまずは精神科のお世話になっている先生のところに駆け込んで話をする。眠れないときは眠れないって言って、眠れるお薬も出してもらって、三〇分たっぷり話をするなどはしてきました。

あとは(心理療法の)EMDR治療も受けていました。ワンクール終わって、どんなことに自分が反応しているのかがわかってきたから、少しは良くなった気がします。

あと、お話をしてくれた女の子たちについては、昔はすごく心配をしていました。今夜、フラッシュバックを起こしていたらどうしよう? 大丈夫かな? と。でもそういう微細な心配を、いまはあえてしていない。ある事柄について強く心配することは、ある意味支配だと思っています。なのでショートメールで「今日は大事なことを教えてくれてありがとう」と、割と大雑把な内容を送っています。

あとは彼女たちが自分でなんとかできると信じようと思っています。眠れなくなるかもなぁと思うんですけど、でも話を聞いていると、意外と寝ているし、眠れない時間をどうすごしたかあとで知ればいいと思っています。調査に協力してくれた方の中には、自死された方もいるので不安が先立ってしまい、前の方がバウンダリーを意識していなかったように思います。

岸 ご自身の年齢や立場によってスタイルが変わってきていますか?

上間 変わってきています。まずあんなに克明に覚えていたのが覚えられなくなったし、時間をかけることができなくなりました。三〇歳あたりでエスノグラフィーはキワだなと思って。でもインタビューをはじめて、レコーダーを回しておけばいいので、ああよかったって思いました。五〇歳を手前にして、立ち位置も変わってきた。

相手に深入りもしなくなったし、自分が傷ついたことも無視しなくなった。調査チームにも洗いざらい話してますし、自分にとってトラウマチックな体験を思い出すような内容だったら、それは専門家の先生に頼っています。

岸　上間さんはすごくコミットして、支援までやっているでしょう。でも大半の研究者は、これは自戒を込めてですが、パッと聞いて、パッと帰る。調査をする人は、深くコミットメントしたほうがいいと考えていますか。

上間　うーん、お行儀のよい回答をするのであれば、フィールドによってコミットメントの深さや方法は変わると思うんです。ワンショットサーベイでも、センスのいい人がちゃんとやれば声を拾えると思っています。これが優等生の答えでしょうね。でも私は調査屋さんとして、深く入る方の個人技には憧れがあります。だから、うわー、このデータ負けた！　悔しい！　って思うことは多いです。

岸　よく「悔しい」って言うよね。

上間　悔しい。岸さんにクワガタの分析をされたときも悔しかった。『裸足で逃げる』で書いたんですが、優歌のお父さんが、DVしている彼氏のところに帰る優歌にクワガタを持たせる話がある。優歌は「意味わからん」と言っていて、私は「お父さんは、クワガタしかあげられないから、あげたんだよ」と言って、せっかくお父さんが渡してくれたのに……と優歌に対して思ったんです。

そうしたら岸さんが、「優歌の声を聞いてないってことじゃない?」って言ったんです。お父さんは最初から優歌の言葉を聞こうと思っていない。彼女を大事に思っている父でさえ、声を聞こうとしていない。これが共同体における女の位置なんだという分析をしていた。

岸　本人がクワガタほしいかに関係なくあげているからね。『マンゴーと手榴弾』(勁草書房)の「プリンとクワガタ」という文章に入ってます。本人がクワガタほしいかどうかなんて関係ないんだ、って最初に思いました。

上間　あとは打越さんの調査でもよく録ったなと思うものがいくつもあります。やっぱりそれがうらやましいということは、私のなかで優先のものがあるということでしょうね。でも方法論は方法論で、いろいろやってみたらいいと思います。

岸　拾い方はいろいろある。

上間　そうですね。統計が得意な人も、ワンショットサーベイや、参与観察が得意な人もいるし。いろいろやってみた方がいいと思う。調査は、「恥知らずの折衷主義」(佐藤郁哉『暴走族のエスノグラフィー』新曜社)みたいな世界だと思うし。自分に合うかどうかもあるし。方法論はフィールドが選ぶものでもあると思っています。

岸　本当の話を聞くためには、ラポール(親密な信頼関係)を形成する必要があると思う?

上間　それはないです。上手い質問ができれば、話は聞けます。ラポールではない。それもまた変なロマン主義だよね。淡々とさばさばと、本質的なことを聞ける人はいます。

岸　そのためにラポールを作るってそもそも相手に失礼ですからね。

上間　ラポールは思わぬことって感じ。ちゃんと調査として誠実であればいいと思うし、そもそも調査対象者を支援しようとも思っていません。

Q　上間さんは最初に高校で調査をしていたとおっしゃっていました。その時に学校の先生が聞けないようなことも聞くこともあると思うんですが、その時に先生に伝えなければいけない場面も出てくると思うんです。私自身、いま調査で学校に入っていて、どこまで先生に共有したらいいんだろうと悩んでいます。

上間　難しいですよね。高校で調査をしていた中で、やめようと思うぐらい悩んだのは、先にも言った援助交際の人の子どもか、彼氏の子どもか分からないけど妊娠して産むことを決めたという子の話を聞いた時。相談されたときに「いると思う?」とお腹を触らされて、「あ、いる」、これは妊娠しているなと思った。その時は、この出産はどうしたらよいのか、生まれてくる子は大丈夫なのか、彼氏はどうなるのかなど悩んで、やはり先生に言おうと思いました。そしてもう調査をやめようと。

でも私が先生に言う前に、その子が学校を辞めることになりました。私に相談していたことは、その子の家族の決定になったんです。この例にあるように、学校の中で調査する時、情報を誰にどう伝えるのかがとても悩ましかったです。だから沖縄でやる調査では学校の外から関わろうと思いました。

基本的には調査をしている時には、「聞いたことは、先生たちには一切言わない」と最初に決めていました。休み時間も帰り道もいっしょにいるからね。

岸　相談されてアドバイスすることもあるでしょう。その時に、嫌な言い方かもしれないけど、介入しているわけじゃないですか。

上間　え、しますよ。私は大人だし、関わっている時間が長いんだもん。自分の意見は言う、私はこうすると思うよって。まぁでも、みんなその通りにはやらないですよ。私の意見は合わせ鏡でしかないし、それによって自分の考えがまとまって、私にも動いてほしいといわれた時に考えます。

しつこさが大事

岸　これから調査をやる若い人にこういう調査してほしいとか、アドバイスありますか。

上間　ない。「おやりなさい」って感じです。調査は面白いですからね。ひとつだけ言うなら、しつこさは大事です。

岸　ああ、めっちゃ思う。
上間　沖縄で一緒に調査をしている上原健太郎さんのデータを読んでいると、すごく面白いんですよ。あ、しつこいんだ、この人、だから面白いんだと気づいた。しつこさって大事です。
岸　すごくわかりますね。上原さんは調査の中で、居酒屋を開店するときに、おじさんから口約束で六〇〇万円借りたという、いかにも沖縄の共同体的つながりの濃さをあらわすエピソードを聞いた。普通ならそこで終わりですが、そのあとに、そのお金を貸したおじさんのところまで行って話を聞きにいく。あれはしつこい。本当に大事。実際調査を続けている人は、しつこいよね。一つのことをずっとやっていたり。
上間　みんながしつこく聞けばいいんじゃないかな、と思います。怒られたりうざがられたりしながら。
岸　私ももう沖縄に通って二五年になりますわ……。調査、頑張ろうな。もう、三時間半。よう喋ったな。
上間　本当だ。
岸　今日は長時間ありがとうございました。

＊二〇二二年九月一五日、琉球大学での対談より構成

第6回

朴 沙羅×

岸 政彦

人生を書くことはできるのか

今回お話しするのは、ヘルシンキ大学の朴沙羅さんです。日本の敗戦直後に日本と朝鮮の間を移動した人々や、従軍慰安婦問題に関わってきた人々への聞き取りといった生活史調査を続けてこられ、ご自身の親族の生活史を聞き取った『家《チベ》の歴史を書く』（筑摩書房）は広く話題を呼びました。インタビューを巡る葛藤、「人生を書く」ことへのためらい、歴史的な語りと個人の体験の関係など、朴沙羅さんの「調査する人生」を聞きます。

親族の生活史を聞く

岸　今回は朴沙羅さんとお話をしたいと思います。簡単に自己紹介していただいてよいでしょうか。

朴　フィンランドにあるヘルシンキ大学の文学部で講師をしています。朴沙羅と申します。よろしくお願いいたします。

岸　朴さんは在日コリアンの三世ですよね。学部の頃からご自身の在日コリアンの親族を中心に、生活史の聞き取りをずっとされてきています。著書の『家《チベ》の歴史を書く』（筑摩書房)は、朴さんの親族たちの個人の歴史と、東アジアの歴史とを織り交ぜて記述した、生活史の決定版のような本だと私は思ってます。

『家の歴史を書く』にもあるように、朴さんの親族が韓国の済州島出身で、そうした戦後の移民史、朝鮮と日本との行き来の歴史を研究されてきた。私が編者をつとめた『生活史論集』(ナカニシヤ出版)では、「身世打令を聞く——京都市・九条オモニ学校における生活史の聞き取り」というパートを執筆されていて……って、なんで俺が全部喋ってるの(笑)。

朴　ありがとうございます(笑)。

岸　最初から生活史をやろうと思っていたんですか?

朴　いや、事故です。高校生のころから「親戚の法事でこんなことがあって〜」と話をすると、友達や先生にすごくウケる実感はあったんですけど、社会学自体に興味があったわけではなかったです。

岸　社会学専攻ではなかった?

朴　もともとは東洋史をやりたいと思って、京大に入りました。京大は三回生から専攻に分かれるんですが、歴史学をやっている人たちはすごく頭が良くて、「人の形をした知」って感じの人ばっかりで。私なんかではアカンわ、と思ってしばらくフラフラしていました。

一回生の時に「社会学入門」の講義も取っていたのですが、その時には先生のお話が難しくて、授業についていけませんでした。当時、現代思想に詳しい男性とお付き合いしていたんですが、彼が「ブルデューいいよね」といったんです。当時は「現代思想最後の輝き」と言っていい時期だったと思うんですが、たまたま二回生の時、生協書店で(ブルデューの翻訳をたくさん出している)藤原書店のフェアをやっていて、読もうかなと思いました。それが社会学との最初の出会いです。

岸　学部の卒論では、京大の社会学の大御所である落合恵美子先生から生活史の課題を出されたんですよね。

朴　そうそう。授業で生活史を聞き取ってくるように、という課題が出たんですよ。その時に、頭に浮かんだのが父方の伯父さんと伯母さんでした。というのも、私が高校生くらいの時、伯母さんが日本に来た時の話をして、「あの時は船が沈んで大変だった」とポロリと言っていたのを聞いたことがあって。話を詳しく聞いてみると、どうやら私の親族は太平洋戦争前に日本に来て、戦争が終わって済州島に戻り、また日本に来ていたらしい。それまでの私は「一九四五年までのどこかの時点で、済州から日本に来たんだろうなぁ」となんとなく思っていたのですごく意外に思いました。

だから課題を出されたときに、いい機会だからもっと詳しく話を聞いてみようと思ったんです。面白い話が聞けるだろうし、このインタビューを使って卒論も余裕で書けるんじゃないの？　って思ってたんですけど……大間違いでしたね（笑）。伯父や伯母の話をそのまま書いたら面白いものになるはずだと思っていたけれど、うまくいかなかった。結局、生活史らしいタイトルがついているのに、生活史は一行も出てこない卒論を書きました。

テーマや問いを設定して……あれ、設定できなくない？

岸　卒論では書けなかったというのが面白いですよね。そして一〇年経って書いたのがこの『家の歴史を書く』だと。

書けないという気持ちは、私もわかる。私が最初に出した沖縄の本土就職をテーマにした『同化と他者化──戦後沖縄の本土就職者たち』（ナカニシヤ出版）も、沖縄の移動の話で、書くのに一〇年以上かかりました。

生活史をやっていると、自分は何をやっているんだろう？　と思うところがあって。博士論文をもとにした『同化と他者化』では、一応は書けたなと思うんだけど、その後単発の論文で、生活史で満足できる論文を書けたことが一度もない。方法論については書いている、あるいは本の形では生活史の研究を書いているんですけどね。だから、生活史で論文を書くのって難しいと思っています。

私自身は途中から論文にするのを諦めたんですよ（笑）。だから『街の人生』（勁草書房）では、五人の生活史をモノグラフとして収録した。結局それが一番面白いと思ったし、実際に面白いと言われたことで手ごたえも感じました。これは『東京の生活史』(筑摩書房)、『沖縄の生活史』(みすず書房)、『大阪の生活史』(筑摩書房)の仕事につながっていきます。途中から、生活史のモノグラフの方が面白くなっていきました。

朴さんも『家の歴史を書く』の中で、生活史で論文を書くことの難しさをはっきり書いていますよね。

当たり前の話だが、例えば「あなたの人生について語ってください」と頼んだところで、その人の「人生そのもの」は書けない(相手のことを知らないのが不自然であるような関係なら、こういう質問ができるかもしれない)。脱線し、繰り返され、相手との関係やその場の状況や駆け引きの中で語られる生活史は、本当は、切ったり貼ったり分析したりするのにはそぐわない。

本当に「あなたの人生」を書こうとするなら、例えばスタッズ・ターケルの『仕事《ワーキング》!』(中山容ほか訳、晶文社、一九八三年)や岸政彦の『街の人生』(勁草書房、二〇一四年)のように、語れたことの断片をそのまま読ませるしかないのかもしれない。

(『家の歴史を書く』「第一章　生活史を書く」より)

朴　むちゃくちゃ難しい。岸先生がどうやっているのか聞いてみたいです。例えば院生さんから生活史で論文書きたいと相談されたときに、先生はどうアドバイスなさっているんですか？

岸　院生さんが生活史やりたいと言った時に、「人生では論文書けないよ」と言うんです。人生では社会学にもならないし、論文にならないし、先行研究もないし。

朴　そうです。生活史で論文を書く場合は、先行研究をどこに設定するのかが難しい。

岸　だから院生さんに対しては、「たくさん聞いて」って言ってる。ようするに、ふつうのインタビューです。「二〇、三〇人、ある程度聞いてください」と。ダニエル・ベルトーの「飽和」という概念がありますよね。複数人のライフヒストリーの収集を続けることで、共通するところから一般的な理論が出来ていくのだと。だから二〇、三〇人に聞いて、トピックを立てて、まとめて論文を書くように指導しています。

私たちはインタビューに行くと、生活史を聞きますよね。生い立ちからはじめて、いろんな話を聞く。でも私たちには自分のテーマがあって、例えば私だったら本土就職や沖縄戦。論文を書くときに使うのは、その自分のテーマに関係しているところですよね。朴さんの場合はどっちが先ですか。テーマが先なのか、それとも、伯父さん伯母さんの人生を聞きたい気持ちが先だったのか。

朴　対象が先です。この人たちの話を聞いとかなあかんなと思うのがまず先にあって。

で、話を聞いてから、テーマや問いを設定して……あれ、設定できなくない？ と思ったんですよ。

岸　いやぁ、学生さんの卒論でよくある。それっぽいテーマをあとから立ててみて、そこに関係するところを切り貼りしてみるんだけど、上手くいかない。

朴　私も全然ダメでした。伯父のインタビューの文字起こしを読んで、そこから「ジェンダーと家族」というテーマに関係ありそうなところを抜き出して、説明できないか試してみたり、いろいろとやってみたんですが。言ってみれば、「辞典の項目に具体例の詳しい紹介が加わっただけ」になってしまった。

インタビューはコントロールできない

岸　データってなんだろう、研究ってなんだろう、という話ですよね。朴さんの博士論文は書籍になっていますが（『外国人をつくりだす――戦後日本における「密航」と入国管理制度の運用』ナカニシヤ出版）、そこでは外交法の問題や、日本で戦後に「外国人」という概念がどのように作られていったのかを、歴史的な資料とオーラルヒストリーから書いていますよね。あそこでのオーラルヒストリーは、いろんな要素があるけれど、基本的にはテーマについてのオーソドックスなインタビューですよね。

朴　そうですね。少し補足すると、『外国人をつくりだす』では、第二次世界大戦後、米軍に占領されていた一九四五年から五二年のあいだ、日本では移住者と日本人をどのように分けていたのか、「外国人」はどのように作り出されたのかについて、主に在日コリアンを対象にして考えました。

戦後の日本では、中国や東南アジアや朝鮮、台湾から日本への「引き揚げ」がありましたよね。一方で、旧植民地の出身者が出身地に帰る動きもありました。そうして出身地に帰ったのはいいものの、出身地では政治的にも経済的にも大混乱が起こっていた。そこで、もう一度日本に戻って渡航しようとする人たちも出てきました。こうした非公式な移動は当時「密航」や「密貿易」と呼ばれていた。

そうした「密航」「密貿易」の体験を持つ人たちに話を聞いたのですが、インタビューでは「なぜ日本に来るようになったんですか」「外国人登録証はどうやって見つけられましたか」「お仕事はどうやって見つかりましたか」といった決まった質問を一〇個くらいつくって、それをもとに質問をしていきました。

でも「なぜ日本に来るようになったんですか」という質問をすると、大体の方は「日本で生まれてるから」「親戚が日本にいて」とか、幼少期から今までの話を聞くことになるんですよ。

岸　でもピンポイントで聞こうと思ったら出来ますよね。例えば移動の瞬間だけ、移動した動機や理由はなんですか？と。「経済的な理由です」「家族がいたからです」と答えたら、経済的な理由が五人、家族の理由が八人、じゃあ経済的な理由が〇〇%ですね、といった論文にしようと思えば出来る。でもそもそも、インタビューってそういう風に、現場でコントロールできないところもあるから。

朴　もう全然コントロールできませんでしたね。私の親族は結構パワーが強いので、こっちが質問したことをパッと答えてくれるわけではない。向こうには話したいことがたくさんありました。私の質問に関係ないことの方が多かったですけど。

岸　その辺のはざまで、朴さんは両方に足をつけてやっている感じがあります。自分の学生さんには、「二〇人、三〇人にインタビューしておいで」と言う。それは、業績つくって博士論文書かせて就職させないといけないから。教員という責任があるから保守的になってくるんです。人間って責任が発生すると保守的になるでしょう。

でも自分がやっていることを考えると、質問項目を決めたこともないし、現場で話していく中でしか質問項目って出てこないと思うし。人によって違うのでその場にならないとわからないと思ってます。その人が喋った語りに対して、「どうしてそんな行動をしたんですか？」みたいな質問が、いわば「あとから」出てくる。聞いてから、質問が後から出てくるので、最初作った質問ではコントロールできない。そうやって聞いていくと、気がつくといろんな話が出てくるんですよね。

朴　そうですね。例えば移動の手段について聞いていると、私がそれまで知らなかった話がいきなりポンと出てきたりする。えっ、何それ？　となって、「もっと詳しく教えてください」と聞いていくことになって、話がどこへ行くのやら。

岸　質問項目は、聞かないと出てこないし、わからない。あらかじめ考えていった質問項目って役に立たないじゃないですか。

朴　でも岸さんがおっしゃるように、学生さんに教える時は、質問項目をある程度作って、事前にメールで私に送って欲しいと言っています。

私はヘルシンキ大学の文化学科にいて、日本文化論を教えているんですけど、修士論文で生活史インタビューを使う学生さんもいます。女性の働き方の変化を知りたいから日本にいる複数の母娘ペアについてそれぞれの生活史を聞くとか、日本にいる中国人留学生に留学の意味をインタビューして聞き出すとか。日本語を勉強中の学生も多いので、もし日本語でインタビューする場合は、質問文のネイティブチェックもかねて、アポイントを取る前やインタビューを始める前に、一度は先生に送ってね、と言います。

岸　だから私も、自分でも矛盾したことをやっているなと思います。論文にするときには、テーマに合わせて生活史の語りを切り貼りする。自分の学生に対しても、オーソドックスにテーマを聞くようなインタビューしておいでと言うんだけど。難しいなぁと思うこともあって。

その場で言語化された言葉の解釈

岸　例えば、あるテーマを追いかけていて、離婚している人が多かったことがわかったとしますよね。なんで離婚したんですか？ と離婚の理由について、学生さんには聞くように指導します。でもその時に出てきた答えって、なんなんだろうって思うんですよ。『同化と他者化』では、沖縄から本土に出稼ぎに行ってまた沖縄にUターンした人に話を聞きました。そのインタビューを後から読み返して気づいたんだけど、「なんでUターンしたんですか」とは一切聞いていない。いきさつをずっと聞いていて、そうかそうか、そうやってUターンしたんだなとこっちが解釈するしかなかったんです。

『東京の生活史』でも「あなたにとって東京とはなんですか」という質問を絶対しないでください、言わないでくださいと聞き手の人たちにお願いしました。だって、「なんで離婚したのか」「なんでUターンしたのか」、そんなに理由は言語化されていない。はっきりとした理由があるわけではなく、いろんなことが人生である中で、離婚したり、Uターンしたりしているわけです。だから「なんで離婚したの」と聞いても、とりあえずその場で言語化した答えになっちゃうわけじゃないですか。「あなたにとって東京とはなんですか」って聞いちゃったら、その場で考えついた、凡庸な、借り物の言葉しか出てこないでしょう。そういう、聞きたいことを直接聞いちゃうような質問をすることに、なにか意味があるんだろうかっていうのは、ずっと考えているんですよね。

朴　確かに「なんで〇〇したんですか？」とその理由を聞くかもしれない。そしてそこで返ってくる答えは、岸さんがおっしゃったように、その場で言語化したものになります。修士論文の時には生活史を使って論文を書いたのですが、口頭試問の時に落合恵美子先生から、忘れられないコメントをいただきました。「出来事Xについて、AさんがYと言ったから、あなたはYと書く。それで結局、あなたは何をしたことになるのか」と。もうその時は、心臓がキュウってなりました。

岸　落合先生が言ったのは、あなたがちゃんと自分の責任で解釈をしなさいよってことですよね。

朴　そうですね。AさんがYと言ったことについて、Aさん自身が体験してきたことでもいいし、あなたが出来事Xについて知っていることでもいいし、これまでの先行研究でわかっていることでもいいし、Yが何なのかもっと分析をしなさいよと。そうしたらYではなくてY′になるから、それを論文として出しなさい、ということだろうと理解しています。

岸　でも今の社会学の流れとしては逆で、悪い意味で経験主義的になっていますよね。こっちが解釈すると叱られることが多い。「本人が語ってないでしょう」という査読のコメントもあって、エビデンスが問われる。エビデンスの中でももっとも強力なのが、当事者が喋っていること。それを聞かないと、論文にならない。だけど、それを言わせる質問をしちゃうと、ものすごくその人の人生を縮小した、ダイジェスト版のような答えしか返ってこない。それはどうなのかな。一番悩んでいるところですね。学生にどう教えたらいいのか。

朴　インタビューデータをどこまで分析できるかということですよね。

岸　齋藤直子先生とお話ししていて面白かったのが、私たちってインタビューを繰り返しているんだけど、インタビューの方法それ自体に詳しくなっているわけではないことです。よくインタビューが上手だと誤解されるので、生活史を聞くときにどういうテクニックで聞けばいいのかを割と求められる。でも俺はインタビューのコツなんか一切わからへん(笑)。だいたいいつも低めの周波数で「おおおお」「へえええ」とか唸っているだけ(笑)。

でもインタビューをしていくと、そのテーマについて詳しくなっていく。テーマや対象についての知識がつき、自分なりの理論が出来上がり、そこから質問したいことも出てくる。テーマや対象についての興味がないと。人の人生みたいな、ふわっとしたところで聞いているわけではない。

だから生活史の聞き取りをしていく上で、何を聞いているんだろうか？　というところには何度も立ち返っていますね。そして、別に人生について聞いているわけではないんです。

一時間、二時間の人生、九〇年の人生

岸　ここから、人生は書けるのか？　という話に入っていきたいんだけど。『家の歴史を書く』もそうだけど、朴さんは初期の段階から、「エモくなる」ことにすごい警戒心がありますよね。それは多分、在日コリアンの政治的な雰囲気の中で育ってきたことも関係していると思うんだけど。

朴　そうですね。両親ともに民族運動や市民運動にかかわっていたので、自分が研究をするときには、彼らがとってきたのとは違うもので、かつ自分の信念に従って生きていける方法を探りたいと思っています。

岸　朴沙羅の根底には、政治的プロパガンダになることと、エモい話への強い警戒心がある気がする。だから方法論的にものすごく潔癖になる。とにかく対象のことについて研究するために書いているし、人生について絶対書けないんだということをものすごくはっきり書いていますよね。でも生活史のインタビューはしていますよね。なんで人生が書けないと思うんですか。書いちゃダメだと思っている？

朴　書いたらいいとは思っています。ただ学術的な体裁では、なかなか書きにくいなとも思うんです。私は大学教育にかかわっていて、世間が私に対して興味を持つとするなら

ば、私が普通よりちょっと学術的な練習量が多いくらいしかない。だから学術的な活動の方が、世間から求められるのであろうと。

岸 すごい自己評価が低いな……(笑)。朴さんは研究者だから、研究をしたいし、人生は書けないと言っているけど、やっぱり人生は書いているなと思うんです。『家の歴史を書く』は研究書に近くて、そのあとに出した『ヘルシンキ 生活の練習』(筑摩書房)は一般向けのエッセイ寄りだとは思うんですが、自分の中で違いはありますか?

朴 研究書でない点では同じです。『家の歴史を書く』は「親戚あるある」を、詰め込んだ感じ。

岸 でもそういう親戚の話を書けば、歴史学的にも社会学的にもなるはずだと思う。一般向けエッセイですが、私は社会学的な本だと思って読みました。そもそも上間陽子も打越正行も、書いているのはモノグラフだけど非常に社会学的なテーマを扱っている。繰り返しになるけど、テーマがあってそのテーマに詳しくなっていき、その研究をするんだけど、話を聞くのは生身の人間相手だから、どうしてもそこから人生が出てくるんですよ。

朴 うーん、私は自分に誰かの人生を書けるとは思わないんですよね〜。

岸 朴さんが書けないなと言う時の「人生」のイメージってなんでしょう。生い立ちから全部含んだもの?

朴 そうですね。インタビューしていくと、人ごと、インタビューごとに違うバージョンが語られていると感じる時があります。「飽和」という言葉が気になってベルトーの書いたものを調べてみたんですが、ベルトーは「飽和」というときに「運が良ければ数人」と書くときも「三〇人くらい」と書く時もあるけど、最終的には三〇〇人くらいインタビューしてるんです。

岸　朴さんが「人生」と言うときに、「全部丸ごと」のイメージがあると思うんですよ。でも私は全部丸ごと話を聞こうと思ったことは一回もなくて、聞くたびに話がコロコロと変わっても、なんとも思わない。それは当然そういうもんやろと。人生全部丸ごとを八〇歳の人に聞いたら、八〇年かかるわけだから、一時間、二時間で聞けるわけないと思う。だけど、一時間、二時間で語られただけでも、十分面白いし、それを私は人生と言っています。

例えば、沖縄戦の直後の話で、人が死んだ死体が埋まっているところには、草がいっぱい生えると聞きました。そこに真っ赤なトマトがなっていた、という話を聞いたことがある。そのトマトだけは、戦後直後の食べ物がない時代でも、誰も食べなかった。そんな話を沖縄本島の離れた場所の複数の人から聞きました。たぶん、トマトの赤さと、血のイメージがつながっているんだろうな。そういうのを聞いていて、沖縄の人生ってこういうことだよなと思ったんです。

朴　おっしゃる通りです。私は確かに「全部丸ごと」だと思ってますね。新型コロナの流行が始まる前年に祖父が亡くなったんですけど、今にして思えば、彼はぽろぽろと自分の体験を喋っていたんです。岸先生がおっしゃる「人生」というのを、私はその中でいくつも聞いているんです。でも彼が生まれてから死ぬまでの九〇年くらいが人生なんで、私が九〇年を捧げれば九〇年の人生を書けるかもしれない、そして私はそれを論文にはできないだろう、くらいに考えています。研究にフィットするものとしないものがあって、「人生」も問いを変えれば研究で扱えるものだとは思います。

「酒がうまい」論文

岸　論文にするかどうかで言っているわけではない。でも論文を読んでいて、ああこれ人生やな、っていうのがやっぱりあるんで。この辺は書いてももうちょっといいんじゃないと思う。

朴　私のマイルールで、一番エモいところは論文では書かない。それは学術では扱えない領域です。

岸　そう。すごい潔癖というか。すごく禁欲的なんですよね。それは今日聞きたかった。

朴　だって、論文って私の仕事の手段なので。

岸　耳が痛いです(笑)。

朴　私は授業と、大学関係の仕事と、考えたり書いたりすることの三つでお金をいただいているので、めっちゃいい話を書くというのは、その三つの中には入らないかなって思うんです。

岸　別にいい話を書けと言っているわけではなくて。でも、ああ人生だなぁと思うことがあって。少なくともそこは書けるんじゃないかな。まぁ、書かなくてもいいんだけれども。私からすると、もうすでに朴さんは書いているんじゃないか。

朴　すでに書いてるんですかね？

岸　私はすでに書いていると思っています。だから、その辺で私たちは悩んでいるんだということを、まずは確認したかっただけで。

人の人生を書いたらダメという立場もひとつありますよね。エモくしてはいけない。人生って九〇年だから書いてはいけないと。でもそれだけ禁欲的になって書いている論文でも、言ってしまうと、「酒がうまい」論文になるときがあります。私たちはけっきょく人生を書いちゃっているると思うんですよね。その時に書いている人生ってなんだろうという話をしたい。

朴　酒がうまい感覚、わかります。この前、樋口直人さんの『日本型排外主義――在特会・外国人参政権・東アジア地政学』（名古屋大学出版会）という本を読み直しました。あの本の前半部分は排外主義者の活動家の生活史で、そこがすごく好きです。あれを読んで、私はお酒を飲まないから、「お菓子うまい」という気持ちになった。

岸　飲まないから、お菓子うまい（笑）。ええ話やな（笑）。それはありますよね。

朴　あります。

岸　でもそうした「酒がうまい」部分に完全に流されることもせず、踏みとどまって社会学の枠でやっているんですけれども。例えば、打越正行、上原健太郎、上間陽子と書いた『地元を生きる——沖縄的共同性の社会学』（ナカニシヤ出版）では、沖縄の共同性の先行研究もがっつり入れ、沖縄の階層格差と共同体経験について「離脱」「没入」「排除」の三つのキーワードを付けて、社会学らしい本を書いた。

でもこの本は、社会学的なことが書いてあるけれど、人生の話でもあるんですよ。例えば、いい大学を出るけれど地元からは切れてしまう。これは沖縄に限らずどこでもあることで、自分のことのように読んでくれた人も多かった。だから社会学の本ではあるんだけど、読んだ人が自分と一緒だなとわかってくれるところがあるわけで、やっぱり、人生だなぁと思うんですよね。

最近私は「他者の合理性」という言葉をよく使っているんですけど、社会学という学問が成り立っているのは、人が人として生きているところに、共通性があるからだと思うんです。共通の部分があるから、他者を書けるんじゃないかと思う。楽観的すぎる、いかにもマジョリティらしい気楽さだと言われるかもしれませんが……。

沖縄戦の体験を聞いていると、私自身が同じ経験ができるわけもないし、同じ感情を抱けるわけもないんですが、人間ってこういう時にこういう行動を取るんだろうなとすごく学ぶことができる。それが人生だな、と思うんだけどね。

「わかる」ことと「共感する」こと

朴　岸さんのおっしゃる「人生」の意味がだんだんわからなくなってきました。私が知らないことを知っている人に、例えば昔の経験についてインタビューするときに、何がわかるのか。やはりわかることとわからないことが存在していて、わかることがたくさんある中に、わからないことがポコポコ出てくるんです。わかるところがひとつもなかったら、会話は成立していませんよね。わかるところが六~八割くらいあって、わかんないところが出てきて、だからわからない所に目がいくんですけど。でもインタビューが成り立っているということは、わかっていることも多いので、そのことも同時にフォーカスしつつ、わからないところを見ていけるといいのかな。

岸　そこで言う、わかんないところってどういうところですか?

朴　いろいろです。まず全然知らなかった情報について喋っていること。あとはその理由を聞いても理解できないということもあります。

例えば、私の父方の親族が住んでいた韓国の済州島で、四・三事件(一九四八年)という悲惨な事件が起こりました。そのとき、祖母は男の子は日本に連れていったけど、女の子は虐殺されたり暴行されたりする可能性のある、危険な島に残したんです。なんだそれは。私の祖父は『血と骨』のビートたけしをもっとダメな感じにした人だったみたいなんですが、彼が一度だけ家族の前でオンオン泣いたことがありました。でもその理由が「家が絶えるから」なんです。子どもが死んだとか、家財が失われるとかじゃない。全然わからない。

岸　でもさ、その状況だったら自分でもそうするなということが、わかることや理解することだと思うんですよ。この前、沖縄戦の体験者で、集団自決の生き残りの方がいた。家族や親戚がガマで集団自決して、その方だけ身体が小さかったから生き残るんです。でもその人は基地賛成派なんですよ。それだけの経験をしていて、基地は全然いいと思っている。

沖縄では日本軍に対する印象がものすごく悪いんですよ。沖縄戦について七〇人くらい話を聞いてきて、日本軍のことをよく言った人は一人もいない。でも米軍は戦後に飯を食わせてくれた。その方は定年まで軍雇用されていたと言っていました。それで、子どもや家族を食わせてきた。

だから、それだけの経験を経て来てなんで基地賛成派なんだろうと思うんだけど、でも飯を食ってきたんだと思うと、そうなるだろうなとは思うんですよね。それが理解するってことだと思ってるんです。

その状況でも、自分はわからないなと思うこともあるんですが。でもいろんな人の話を聞いていくと、その理解できる幅がだんだん広がってくるわけですよ。そういう規範や役割のもとで生まれ育ってそういう経験をしたんだったらそうなるんだろうな、というところまでは持っていきたいんですよね。

朴　わからないと言いましたが、理解と共感を分ければ、理解はできるんですよ。なぜ男の子だけを連れていったのかは、すごく簡単です。「家のメンバー」とされているのが男だけだから、家族なのは男だけだからです。それは、理解はできる。私は少しも共感できないけど、まぁそういうことなんでしょうねと。だから、理解することと、共感することは違います。

岸　そうですね。

朴　先ほど挙げた『日本型排外主義』の中でも、樋口さんが排外主義者の生活を聞いて、少しも共感していないのは明らかです。でもすごく理解している。人種差別主義者の人生に偶然はない、彼らはその道に行くように意図しているし、ネットワークや地縁や機会を使ってその道に進んでいるのだ、という結論がすごく面白い。でも、そういう話を聞きながら、「これはわかる」となるのかな？　と疑問に思うんです。

岸　ぼくが「わかる」というのは共感ではないですよ。まあ、もちろん、そのふたつを完全に分けるのも難しいとは思いますが……。

朴　そうなんですね。

岸　その集団自決を体験して、基地賛成派になった方の聞き取りで面白かったのは、インタビューの最初に「先生は、保守ですか？　革新ですか？」と聞かれたんです。「私は個人的には、基地反対だし、沖縄に基地があるよりも内地に引き取った方がいいと思っています。でも沖縄の人が戦後、基地で飯を食ってきた歴史を、私は絶対に否定したくない」と言いました。そうしたら、じゃあ喋りますと。

そういうところを、捨てたくないわけじゃないですか。人間ってこういうものだという幅を理論で広げていく作業をしているわけだから、たとえ集団自決の生き残りの方でも基地賛成派になることは、なんらかの形で書いておかないといけない。でもある人から、それを批判されたことがあります。その人を許していることにならないかと。

でももし理屈で理解できてしまったとしたら、それは「じゃあ仕方ないことなんだ」ってことになると思うんですよ。

でも、例えば、ヘイトスピーチをしている人がなぜやっているのかを理屈で理解しながら、同時に批判することはできると思うんです。しかし一方で、基地を押し付けている側の内地の人間が、沖縄に行って調査するときに、基地賛成派の沖縄の人を批判するのは難しいでしょう。

朴　批判しなくてもいいんじゃないでしょうか？

岸　それはもちろん、そうなんだけど。でも、そこの切り分けがあんまりできない。なんのために沖縄の研究をやっているんだ、という政治性を問われることはものすごく多いですし。もちろん沖縄の特定の個人を批判しなくてもいいんだけど、でもそういうことを「書く」というそのことだけで、「沖縄」というものを批判してしまうことになる。

ある時、「基地反対ということをもっと言ってほしい」と沖縄の人から言われた。その立場でちゃんと言ってほしいと。でも沖縄でいろんな人に話を聞いていると、言っていいのかわからなくなってくる。いや、もちろん言うんですが。でも、やっぱりそれは、ナイチャーが、基地を容認する沖縄のひとりのひとを批判してしまうことになる。込み入った話ですが……。

でも一方で、基地反対のロジックをちゃんと打ち立てなければならない、幅広く支持されるようなそういう論理をちゃんと作らなければならない。そのために基地を容認する沖縄のひとびとの生活史を聞きたいなと強く思う。そして、「基地で飯を食ってきた」というひとびとの声にもとづいて、そういう、飯を食う、という部分から基地に反対するロジックを作っていかなければならない。たとえば、基地反対した方が飯が食えるよ、とか。いろんな人を包み込むようなロジックができないだろうかと思っているんですよ。それは今後やっていきたいところもある。

朴　今おっしゃった、その方針でいいんじゃないかと思いました。その人を批判する必要もないし、沖縄を批判する必要もない。
この前、あるイベントで入管(出入国在留管理庁)を退職した元職員の方のお話を聞く機会がありました。聞いてわかったのが、入管は職場としてすごくハードだということです。長時間労働だし、現場の意見も通らない。ビザ申請する人をはねると褒められるし、(申請者に)敬語を使うとダメだと言われる。入管は、人権侵害が問題になっているけれども、その職場自体が日常的に人権侵害をおこなっている場所だとわかったんです。

岸　そういう話は聞きますよね。管理教育をやっている学校でも、教員に余裕がなかったりする。個人の責任ではなく、構造がそうなっているんだと書くことはできますよね。

朴　人権侵害をしている機関が人権侵害をおこなう職場だとわかったからと言って、私が入管の責任を解除するかと考えても、たぶんならないと思うんです。個々人が問題なわけじゃありませんからね。そして、構造がそうなっているから、あるいは組織の問題がわかったからといって個人の責任がないという話にもならないでしょう。だから、必ずしもインタビューをすることが語り手の責任解除につながるとは思いません。

岸　私はずっとやりたいことがあって、個人的な支持不支持はさておき、維新の会の支持者の調査をしたいと思っているんです。大阪でお酒を飲んでいると、みんな維新が好きで、支持するような話をいっぱい聞く。いいこともしてきている面もあると思うから、全否定はしないけれど、なんでこんなに支持されているか知りたいんですよ。「維新のどの辺が好きなんですか？」と聞くと「一生懸命頑張っているから」と答えるんです。そこには「下位文化」があって、みんな教員や公務員がきらいで、インテリもきらい。維新は大阪の普通の庶民の文化にグッと入ってくるんですよ。それはものすごく書きたいし、のびのびと書けると思う。

だけどナイチャーとして沖縄に入っていくと、なかなかそうはいかないと思っているんです。いまのところ、どうしていいかわからない。ここで方法論が止まっている、という状態ですねえ。

「中の人」の体験の面白さ

岸 やっぱり、個人の語りをそのまま残すことと、自分の政治性との両立が難しい。沖縄タイムスと連携して『沖縄の生活史』という本を出したんですが、あれを読むと面白いんですよね。復帰の日に何をしていたか聞くと、ほとんどの人が覚えていない。「知らない、仕事してたんじゃないの？」という感じなんです。

歴史的事実の確定はもちろん大事です。でも、それより以前に、一般の個人が体験していることにも価値があるはずだという強力な信念を持ってやっています。それが『沖縄の生活史』のような形で出来てきているのは、自分でも幸せなことだなと思うんだけど。

朴 個人の体験に価値があることは、伝わりにくいですよね。『生活史論集』の中でインタビューをした方に献本したときに、「聞き書きを大学の先生がやるのはすごい時代だね」と言われたんですよ。昔だったら、聞き書きは大学でやるようなことじゃないという感覚があったと思います。

岸 とくにマイノリティの方が対象だと、母集団の人数も正確にわからないし、ちゃんとした量的調査もできないとなると、もう直接会って聞くしかない。それは昔から社会学者や人類学者が使ってきた手法ですよね。

そうやって直接会ってお話を聞くと、そもそもこちらがはじめに持っていた問題設定とか問いのようなものが根底から覆されることがある。やっぱりいちばんおもしろい、興味深いのは、個人の語りそのものだなとつくづく思う。

でも普通の個人の語りに価値があるってことが、なかなか一般の人には、逆に伝わりにくい……。事実関係もあやふやだし、嘘も混じるわけだし、話もコロコロ変わる。確定された事実を積み重ねるのが学問なんでしょ、と思うのが普通なんですよね。多くの人からすると、個人の語りみたいなあやふやなものに基づいて学問なんてできないんじゃないか。だけど私らはやっている。どういう根拠でそれが出来ているんだろう。

朴 今回フィンランドから帰省する飛行機の中で『情と理――カミソリ後藤田回顧録』(全二冊、講談社)という本を読み直しました。政治学者の御厨貴が、元警察庁長官であり官房長官や大臣を歴任してきた後藤田正晴にインタビューしている。すごく面白かったけど、一方で腹立たしさもありました(笑)。金も人脈も知識もなにもかも持っている人間についての研究だと。

こうした公人に対して専門家がインタビューをするのは、みんなが納得しやすいと思うんですよ。何について喋っているのかがすぐにわかる。例えば後藤田正晴が「内務省にいたときに、こういうことがあって」と話したら、研究者があとで調べて、資料と照らして追加質問をして、後藤田が返して……とチェックを繰り返して刊行に至っているわけです。

放送大学で外交史を教えられている白鳥潤一郎さんがおっしゃっていたのですが、こうしたオーラルヒストリーは、政治家が自分で書いた回顧録よりずっと信頼できるし、研究に使える。本人も、研究者もチェックしているし、傍証もいっぱい出てくるわけです。

一方で『生活史論集』に掲載されている「普通の人」へのインタビューは、基本的に傍証ゼロですよね。そこがすごく難しい。

例えば、『家の歴史を書く』では、住民が虐殺された「済州四・三事件」について書いています。私の親戚たちは、この四・三事件があって日本に行くことになったんですけど、これは歴史的な事件なので、かなりデータが蓄積されています。四・三事件については、韓国史史上でも大きな出来事だったから、地域の新聞だったり、大阪公立大学の伊地知紀子先生たちが二〇〇〇年代から集めておられるインタビューもあったりと、他の資料が残っていて、照らし合わせて確認することができました。実際のインタビューで語り手の話した前後関係と実際の前後関係が違っていた時も、違うとわかりました。でも、それ以外の私的な出来事に関するところは確かめようがないので、暫定的にこうだったと思うしかない。

もっと言うと、調べてわかったけど書かなかったこともたくさんあります。死ぬまで誰にも言わないし、書かないだろうなということもある。インタビューをしたことのある人は、いろんな条件や理由で残せないものがあるとわかると思います。だから、書いても大丈夫な範囲や、歌とか踊りとか可能な形にして残していくのも方法の一つなんでしょう。

でも、後藤田の本を読んで、やっぱり『生活史論集』と似ているとも思いました。後藤田は内務省で警察の改革にかかわるのですが、後藤田本人は俺がやったと書いているけれども、解説を読むと他の人がやったと書いてある。

言ってみれば「中の人」にとって、それはなんなのか。その人たちが当時「当たり前、当然こうなるでしょ」と思っていたことがなんだったのか。『生活史論集』では釜ヶ崎で支援活動や労働運動をしてきた吉岡基《もとい》さんの生活史も掲載されています（白波瀬達也「日雇労働者として釜ヶ崎を生きる」）。

吉岡さんの話も、一人の連続する体験と、これがなんでこうなったのかの、「中の人」の体験です。インタビューの面白さの一つは、中の人の話を聞けることですよね。太郎丸博先生が「良質なエスノグラフィーは、実際に当事者に会うよりも「真実」を伝える」とブログに書いておられました。まあ、「真実」ってカッコつきなんですけど。『生活史論集』の中では川野英二さんが典型的な五人の釜ヶ崎の方の生活史を書いておられましたけど、「日雇労働者として釜ヶ崎を生きる」の場合は、吉岡さんの人生から、釜ヶ崎という地域がどんな具合でやってきたのかをずーっと書いている。そういった点では、後藤田正晴も吉岡基も一緒だなと。

歴史的事実と個人の語り

岸 うーん、そうだな、簡単に言うのは、難しいな。ちょっと今日の対談、四時間くらい延長していいですかね(笑)。

でもベタな事実に対する信仰みたいなのがあって、単なる語りじゃないっていうところがあるんですよ。だから、今の話って、歴史的なベタな事実は置いといて、中の人の意味付けみたいなものを聞くってことですよね。

じゃあそうシフトさせると、結局それは、九〇年代、二〇〇〇年代に流行ったポストモダン的な「ライフストーリー」みたいな話になっちゃう。あの時代、桜井厚が代表ですが、「当事者に寄り添う」みたいな政治的な目標と、俗流ポストモダン的な実証主義批判とが結びついて、「事実なんかどうでもいいんだ、語りさえ聞けばいいんだ」みたいな方法論が流行していました。もういまはすっかり目にしなくなりましたけども。

私が研究を始めたときのライフストーリーって、そういう人がいっぱいいて、私自身、何も書けなくなった時期もありました。いまでも私はライフストーリーという言葉は使いません。だから、どうなんだろう。個人の意味付けみたいなものを強調して、事実がどうでもよくなる感じにならないかな。

朴　それはないですね。個人の意味付けが出てくる場所がどこら辺なのか、というそのズレも含めて考えればいいと思います。たとえば、被差別の当事者にインタビューしているときに、「差別されたことないです」とおっしゃられることがよくあります。そこで、「差別されたことがないんだな」とはならないですよね。私、昔すごいアホだったんで、インタビュー中に「就職差別とかありましたか?」とか聞いて。

岸　ははは、ストレートやな、ええ話やなぁ(笑)。冷や汗出てくるね。

朴　「インタビューでやっちゃいけないやつ」として毎年授業で紹介しています。その時は「そんなもんあるわけないやろ! 頭ええ職業なんかこっちもいかへんわ!」と叱られました。

岸　つまり、差別があるんですよね。「頭ええ職業」に行く選択肢がないという形で。

朴　そうなんですよ。

岸　今のところ私は、ここでまだ止まっているんです。朴さんは、歴史学に対する尊敬や畏怖が強くて、歴史的なことを確定することが軸足にある。一方で私は、社会学の人間の行為論の方にシフトした。他者の合理性や、「自治の感覚」(『生活史論集』所収の論文など)のようなことを最近言っているのは、行為論を理論の中心に据えて沖縄の生活史の分析と考察をおこないたいと思っているからです。

人間の行為ってなんなのか。沖縄戦という歴史的な体験の中で、人がどうしたのかということを書きたい。沖縄戦自体については確定された歴史データがたくさんあるので、それは他の方に任せて、その中で人々はどう生きたのかについて書きたいと思っているんだけど。ナラティブ論よりもむしろ行為論を中心にすると、逆に沖縄戦に関するベタな歴史的事実がどうしても必要になってくる。

でも逆に、一般的にいえば、沖縄戦が「どう語られたか」みたいな方に社会学者はシフトしがちなんです。ポストモダン的な方向にいく。沖縄戦自体がどうだったかっていうよりも、それがインタビューの場でどう語られたのかっていうところに行きがちなんですね。でもそこには行きたくない。私が書きたいのはあくまでも沖縄戦の下で人々はどう生きたかの「行為選択の歴史」なんです。

でも、それと矛盾するようなんですが、語りではなく歴史的事実に立脚して理論化したい、とは思っているんですが、「細かい事実関係」みたいなところにも興味がないんです。

個人にインタビューすると、細かい事実関係はいっぱいズレるんですよ。例えば戦後すぐ、伊江島で米軍の船が爆発した事件があって、全然違う場所にいた何人かが、そのことについて語っている。やっぱり、言っていることは違うんですよ。言うことが違うことを、私は別に直さない。『同化と他者化』でもそうで、語り手が「復帰のころに本土で沖縄の映画を見て、懐かしくて泣いた」と言ってるけど、調べてみるとその映画はぜんぜん違う時代のもので、当時上映していたはずがないとかね。矛盾はあるけど、その間違ったことにもちゃんと理由はある。だから、そういう細かい事実関係を直したことはないんです。だから、そのあたりについては、私の中でも限界を感じていて、ちゃんと言語化したいなと思っているんですが……。なかなか難しい。

「歴史的な出来事」の拡張

朴　歴史的な事実と語りの問題について、もう少しお話ししてもいいですか。岸先生は沖縄戦の聞き取りをして、その方たちについて「沖縄戦を生きた」と表現しましたよね。それは沖縄戦ですよね。沖縄戦の語りと、沖縄戦の事実は別のものじゃないということ。

岸　そうそう。

朴　だから二〇二二年に、岸先生が沖縄のどこかで話を聞くときに、沖縄戦の歴史の中にもう一回生きるみたいな感じですね。

岸　そうねえ。

朴　それをわかりやすく示せるのがオーラルヒストリーの特徴だと私は思うんです。昔に起こったある出来事の、その一部についてインタビューし、それを聞き取って、あれってなんだろうなって調べたり、調べながら、「あれこの話違うんじゃね?」と思ったり。そういういろいろなことをやっているところまで含めて、「沖縄戦」や「在日コリアンの歴史」であると。

普通、出来事は起こった時点で何が起こったかだいたいわかります。確定出来ると思っているから、確定申告のために領収書を出すわけです。過去の特定の時点で何が起こったかも、頑張って調べれば割とわかる。もちろん頑張りの度合いはあるけれども。

でも、それとはまた別の時に「あれはこうだった、ああだった」とみんなが確定作業をする。そこまでの作業まで含めて、例えば「沖縄戦」として拡張できないかなって。

岸 そこら辺の方法論に名前がついていないんですよね。名前をつけるべきでもないと思うし。超簡単に方法論の歴史を言うと、少し古いタイプの文書史料主義のベタな実証主義がありますよね。これはみんなわかる。そこに反発してポストモダンがあって、ライフストーリーがあって、全部ナラティブだとなっちゃう。さきほど述べたように少なくとも社会学ではすっかり見なくなりましたが、これも一時期はとても流行った。でもいま、朴さんがおっしゃってくれたのは、第三の立場ですよね。個人の体験の中に歴史があると。それはナラティブではなく、事実なんだという方法。みんなやりだしているんだけど、まだ名前がついていない。

歴史的な事実ってなんなんだろうということだと思うんですよ。個人が体験しているのが、私らにとっては歴史的事実だと思うんです。

沖縄戦の話を聞いていたら、目の前でおじいちゃんに爆弾の破片がお腹に当たって、内臓が全部でちゃった。おじいちゃんの内臓を家族みんなで押さえていた。その場で亡くなったという話を聞きました。その時に、語り手が「血が出てなかったんですよね」と言うんです。しかも三回も。ものすごくいろいろ、何日も考えました。どういう意味だろうと。

血が出ていないわけないから、たぶん、お腹から出てきた内臓って白かったんじゃないかな。わりと人間の内臓って脂肪がついているでしょう。思ったより赤くなかった。そういうことじゃないかと。そういうことを聞いたり読み返したりしていくと、何ていうか、「その場に持ってかれる」気がするんですよ。いま、これを聞いてるみなさんの頭の中にも、白い内臓が浮かんでいると思うんですけど。いまみなさんはその現場にいるんですよ。

スティーヴン・キングは『書くことについて』(小学館)という本で、こんなことを言っています。暗い部屋を想像してほしい、テーブルがあって、その上には緋色の布がかけてあって、その上に小さいケージが乗っている。ケージの中に白いうさぎが入っていて、その背中に青いインクで数字の「9」と書いてある。

これだけで、その場に連れていかれる感じがするし、物語が始まる気がします。なんで9なんだろうって。

スティーヴン・キングはその時に面白いことを言っていて、この時に部屋やテーブルのサイズ、絨毯の色なんかは一切関係ない。そういう細かい事実関係はどうでもいいんだと。白いウサギの背中に青い数字で9と書いてある。これが事実で、この事実によって現場に持っていかれるのだと。

だから現場に持っていかれるような語りがあるんですよね。ところで、生活史のモノグラフがあったときに、どこに自分の身体を置いて読んでますか？　自分が語り手の側になって読む人ってあんまりいないと思うんですが。

朴　置いてないです。語り手の側にはなってない。

岸　聞き手になるか、あるいは聞き手と一緒にその人の話を聞いている感じで読んでいますよね。

例えば、沖縄戦の体験者のモノグラフを読んで、それを自分が語っているかのように読む人ってあまりいないと思うんだよね。聞き手と一緒に話を聞いている感じで読んでしまう。私は自分の体験として、たとえば沖縄の浦添の小さい公民館で話を聞いた。そういう経験を持って帰って、自分が聞いたことを再現したくて書いているところがあります。

聞いた、ということは事実なわけですよね。自分は確かに聞いた。その、話の中身は、自分では体験しようのないことなんだけど、でもそれを聞いたという事実がある。それを再現して、読者の方に伝えたい。そこに嘘とか誇張や空白があっても、私は気にしたことがない。
なんか今日も、ものすごい話を聞いたなー、といつも思う。それを伝えよう、みたいなところでやっている。だからモノグラフが一番好きなんですよね。でもこういう方法論には、まだ名前がついてない。

朴　お話を聞いていて思ったんですが、私があんまり、人間に興味がないのかも(笑)。この人たちが昔、何をしていたのかには興味があるんですけど、語り手とか聞き手といった話には、あまり興味がない。もちろん、インタビューでお話しいただいた人たちは、自分にとっては特別です。お話をしてくださった方のことは忘れないだろうなと思うんですけど。でも実際に書くときにはあんまり考えないし、興味ないかもしれない。

岸　そんなことはないと思うけどね。そんな人が『家の歴史を書く』を書けないと思うよ。最後の方ちょっとエモいし。

朴　そうですね。エモいかも。

岸　朴さんはそこらへん方法論的に禁欲的すぎるんちゃうかな。今は調査やっているんですか？

朴　少し中断してしまっているんですが、いわゆる慰安婦問題の調査を再開したいです。『家の歴史を書く』でも思ったんですが、ここで聞いたものを書かなきゃ、私の生きている意味がない、みたいなインタビューをすることは、多分もうこれから先にありません。

じゃあ何をするか。『家の歴史を書く』を書いているときにも思ったんですけど、私の生涯の敵は、歴史修正主義というのか、歴史否定主義です。私は、研究者としては、それを倒すために生きています。慰安婦問題にかかわってきた人たちのインタビューを、これまで一七人ほど聞いたんですけど、もっとたくさん聞きたいなと思っています。

岸 慰安婦をされていた女性ではなく、問題にかかわっていた人たちに？

朴 そうです。されていた女性たちの話は、ものすごくたくさんの方たちが研究しています。でもそういう運動にかかわって来た人たちが、慰安婦問題という、辛そうな問題に、いろんな葛藤を抱えながら関わり続けている。その秘密はなんなのか。

岸 『ナショナリズムとジェンダー』(岩波現代文庫)の中で、上野千鶴子が歴史修正主義も批判するんだけど、リベラルの側が歴史的事実そのものよりも、当事者に寄り添うことを優先して、実証的な歴史学を批判しているところがある。そのあたりも朴さんの中でもひっかかっているのかな。

朴 ひっかかっているどころじゃありません(笑)。私は博士号を取る直前まで京大の東洋史のゼミに出ていて、社会学の授業に全然出ていませんでした。ものにはならなかったけど、その時に歴史家というのは恐ろしいものだと思いました。歴史家に限らず、どんな専門家もその分野とトピックについての見識は恐るべきものです。だから敬意をもって、仲良くwin-winになるか、批判するなら慎重に慎重を期したうえで行うか、どちらかでないといけないなと思いました。

ジャーナリズム、カウンセリング、社会学

岸　会場や配信で見ている方からいくつか質問をいただきましょうか。

Q　従軍慰安婦の話が出ましたが、私の在日コリアンの友人が母親に従軍慰安婦のことを聞いたら「全然、知らんわ。聞いたこともない」と答えられたと言います。実際に、ご存じが無い方がいると思うのですが、もし聞き取りでそういうことが出て来た時に、「聞いたこともない」と書くのでしょうか?

岸　一般の人が知らない。それはそうだと思いますね。

朴　Xさんはここで「聞いたこともない」と答えたが、ないと答えたのは以下のような条件による。条件A、B、C、と書きますね。

岸　知らないひとがいたからと言って、それがなかったことにはならないですよね。

Q　ドキュメンタリーやノンフィクションの手法と、社会学で聞き取りをするときの違いはどこにあるのでしょうか?

朴　よく言われますね。私も最初に書いた論文に対して、「これはジャーナリズムだ」と大学院の先輩から言われました。オーラルヒストリーの創始者の一人である、コロンビア大学のアラン・ネヴィンズも、もともとジャーナリストですし、オーラルヒストリーとジャーナリズムという論文があるくらい、関係も深いです。

政治史のオーラルヒストリー研究を批判して「新聞の政治部記者と一緒」だと言ったのを聞いたことがあります。たぶん、インタビュー中の現場だけ取り出せば、かなり似ているんでしょう。もしかしたらジャーナリストのほうが、インタビューの経験も積んでいるし、質問の技術もあることが多いかも。そうなると、違いは、なんのために書くのか？このインタビューを通してどんな問いに答えるのか？です。私の場合、その問いは他の人がもうすでに議論していることになります。

質問者　先行研究があるということですよね。

朴　そうです。

質問者　読む側からすると、その立場の違いはわかりづらいなと思っていて、別に意識する必要はないのでしょうか？

朴　論文を書くのがゴールでなければ、気にする必要はないんじゃないでしょうか。

岸　少し付け足すと、ジャーナリストとの違いは、タイムスパンだと思っています。私の最初の本は、一五年ほどかかっている。そうするとゆっくり聞けるし、生い立ちとか関係のないところから聞くし、たくさん人数も聞いて、理論のもとに分析して、考察して、分厚い本を書くという感じですね。

だから、『東京の生活史』や『沖縄の生活史』では聞き手の方に研修会をしているんですが、「なるべく質問項目を決めないほうがいい、脱線した関係ない話も全部聞いたほうがいい、聞き手がしゃべらずにずっとうなずいていた方がいい」と言うと、皆さんびっくりされるんですよね。

ジャーナリストや記者の方は、速報性という大事な役割がありますよね。基本的には一回のインタビューで、限られた時間の中で聞いて記事をつくるから、質問項目も必要かもしれない。やっている仕事が全然違うなと思います。

あとは、臨床心理学、カウンセリングに似ているとも言われますね。でも全然違うと思うんですよね。カウンセラーはお金を取って、お客さんから話を聞いていますよね。でも私たちは自腹で手土産を買って、頭を下げて話を聞いている。ベクトルが逆です。

朴　カウンセラーとは全然違いますよね。カウンセラーの方は、相談する方を支援するためにお話を聞いているわけです。でもわれわれは支援ではなく、研究のために話を聞いていて、むしろ「搾取」と言ってもいいくらいですよ。だから頭からお尻まで、よろしくお願いしますという気持ちで話を聞いてます。

岸　個人に会って直接話を聞くところだけを切り出すと似ているように見えるけど、社会学と、ジャーナリズムと、カウンセリングとはやっていることは全然違うと思います。でも面白いことに違いはないでしょうし、私も読む側としてはちゃんと読んで勉強させてもらってます。

個人的に思うのは、上間陽子さんの本は、小説的に読むこともできると思うんだけど、読者の方々には、あそこから沖縄の基地問題や、女性にたいする暴力という社会的な問題に関心をもってほしいなと思う。上間さんのどの文章も社会問題につながっていくんです。つなげて読んでほしいなと個人的に思っています。

相手が泣いてしまう経験

Q　最近は「分断」が問題になっていると思うのですが、その手前に無関心があるのではないかと思います。生活史がそうした「無関心」に関心を持つきっかけになるのではないでしょうか？

岸　朴さんの『家の歴史を書く』の文庫版あとがきに、「知られていないことすら知られていない人々」という言葉がありますね。無関心は要するに、分断が生み出すものであると。

以前所属していた大学のゼミで、女子学生が日常的な痴漢や性的被害の体験談を話したことがあったんです。でもみんな「痴漢」と言語化せずに、「電車でこんなキモイおっさんがいて」と話していた。多くの女子たちは、みんなそんな経験があってうなずいていた。でも男子は身近にそんな目に遭っている人がいないと思っているから、びっくりしていた。小さいころから男女共学で、身近に女子たちの存在があっても、全然わからないわけです。日常的な、見えないところに深い分断があるんだよ、という話になりました。

そもそも、自分が無関心かどうかすらわかっていないことが多い。それに対して、打越さんや上間さんは沖縄にある問題を書いていますよね。そうした生活史が、問題に関心を持つ入口であってほしいなと願っています。

朴 実は私は、必ずしも無関心が悪いわけではないと思っています。何が入り口であっても、関心を持つことが必ずしもいい方向に進むとは限らない。対立と分断を煽るくらいだったら、無関心の方がむしろ良い場合もある。

岸 そうやなぁ。すごく誠実に書かれた論文を探し出してきて、その一部を切り取って対立と分断を煽ろうとする人もいますからね。よく読んでいるなぁと思うんだけど。だから、下手に関心を持たないでいいとまでは、私はちょっと言い切る勇気はないですが、朴さんのおっしゃることはわかりますよ。でも基本的には関心を持った方がいいと思っています。

Q　聞き取りをしている時に、自分が安易な発言をしたり、余計な言葉や相槌を言ってしまって、相手の方に言葉を飲み込ませてしまった、嫌な思いをさせてしまったという経験はありますか。その場合、どのように対応するのかについてもお聞きしたいです。

朴　めっちゃあります。

岸　そういうことやったことない人、いないと思います。

朴　絶対にやってる。あとで「うわー！」という状態になってる人も多いんじゃないかな。叱られた経験もありますし。叱られることを前提にして調査に臨み、叱られたら早期のリカバリーが大事だと思っています。

岸　私は実はあまりやらかしたことがなくて、その場で叱られたこともない。沖縄の人は優しいし、特に高齢の方が多いので。でも一回だけ怒られたことがある。謝り方をいろんな先生方に聞いて、一人で行かずに他の人と一緒に謝った方がいいよとか、人を挟んだ方がいいよとか、たくさんアドバイスもらって、すごく勉強になりました。これがフィールドワークなんだなと身に染みました……。あと細かい会話の聞き方間違ったとか。うーん、でも私はそういうのあまりないいんだけど、朴さんはある？

朴　あります。今だったら絶対にしない質問をしてしまったり、質問に対して「それは言えない」と言われたり。

岸　生身の人間相手なので、怒らせちゃうこともあると思いますし。私の場合は、沖縄戦のお話を聞いているので、相手が泣いたことが何度かあります。

一度、上間陽子さんと聞き取りに行った時に、九〇歳の女性の方を泣かせてしまったことがあって。戦争の中で、自分の母親が亡くなってしまったことをお話しされて、途中で泣いてしまって、もう喋りたくないよ、と言うんです。その時に、もうしょうがないよなと思って、どうする？　と上間さんを見たら、上間さんが「お母さんをどこに埋めたの？」と聞くんですよね。途中でやめようとした私よりも、上間さんのほうが研究者としてはるかに正しいと思いました。覚悟が違うなと。私は「もういいよ、ごめんなさい」って言ったから。

朴　私もインタビューをしながら相手が泣いたことがあって、どうしようと思っていたら、相手が泣き終わったことがあります。

岸　泣き終わるのもありますね。ある高齢の男性が、机の角を両手で握りしめて号泣しちゃって。自分の小さい弟が亡くなって、でも自分は収容所の孤児院の入口でずっと待っていたんだけど、ずっと来なくてという話をして泣いていました。でもすぐに泣き終わって、兵隊さんから教えてもらった下ネタの歌を歌ってくれた。あー、人生やなってその時思いましたね。

フィールドワークしていると、いろんなことがある。断られたり、怒らせたり、泣いちゃったり、友達になることもあるし。いろんなことが起こりますよ。やればやるほど現場の人間関係のなかに埋め込まれていって、選択肢が狭くなっていって、必要なことをやるしかない、自分の意見を選べなくなっている感じがありますね。

＊二〇二三年一月七日、清風堂書店『生活史論集』出版記念トークイベント「人生と歴史の語りを聞く」より構成

初出

第1回・第2回・第4回・第5回……「調査する人生」(ｗｅｂ岩波『たねをまく』)
第3回……「丸山里美×岸政彦　スペシャル対談『質的調査の話』」(ｗｅｂマガジン『せかいしそう』)
序・第6回……書き下ろし

構成　山本ぽてと

著者紹介

岸　政彦（きし・まさひこ）

一九六七年生まれ。京都大学大学院文学研究科教授。社会学。専門は沖縄社会研究、生活史、社会調査方法論。主な著作に『同化と他者化――戦後沖縄の本土就職者たち』（ナカニシヤ出版、二〇一三年）、『街の人生』（勁草書房、二〇一四年）、『断片的なものの社会学』（朝日出版社、二〇一五年、紀伊國屋じんぶん大賞二〇一六受賞）、『質的社会調査の方法――他者の合理性の理解社会学』（石岡丈昇・丸山里美と共著、有斐閣ストゥディア、二〇一六年）、『はじめての沖縄』（新曜社、二〇一八年）、『マンゴーと手榴弾――生活史の理論』（勁草書房、二〇一八年）、『社会学はどこから来てどこへ行くのか』（北田暁大・筒井淳也・稲葉振一郎と共著、有斐閣、二〇一八年）、『100分de名著　ブルデュー「ディスタンクシオン」』（NHK出版、二〇二〇年）、『地元を生きる――沖縄的共同性の社会学』（打越正行・上原健太郎・上間陽子と共著、ナカニシヤ出版、二〇二〇年）、『生活史論集』（編著、ナカニシヤ出版、二〇二二年）、『東京の生活史』（編著、筑摩書房、二〇二一年、紀伊國屋じんぶん大賞二〇二二受賞）、『沖縄の生活史』（石原昌家と共同監修、沖縄タイムス社編、二〇二三年、みすず書房）、『大阪の生活史』（編著、筑摩書房、二〇二三年）など。「岩波講座　社会学」編集委員。

戦後沖縄の本土就職とUターンにおけるアイデンティティの歴史的構築、沖縄的共同性と階層格差という二つの大きな調査プロジェクトを終えて、現在は沖縄戦の生活史調査をおこなっている。あわせて『街の人生』『東京の生活史』などのスタイルで「生活史モノグラフ」を書いている。

＊　＊　＊

打越正行（うちこし・まさゆき）

一九七九年生まれ。和光大学現代人間学部講師。社会学。専門は沖縄、参与観察法。主な著書に『ヤンキーと地元――解体屋、風俗経営者、ヤミ業者になった沖縄の若者たち』（筑摩書房、二〇一九年（ちくま文庫、二〇二四年）、第六回沖縄書店大賞・沖縄部門大賞受賞）、『最強の社会調査入門――これから質的調査をはじめる人のために』（前田拓也ほか編、ナカニシヤ出版、二〇一六年）、『地元を生きる――沖縄的共同性の社会学』（岸政彦・上原健太郎・上間陽子と共著、ナカニシヤ出版、二〇二〇年）、『〈生活－文脈〉理解のすすめ――他者と生きる日常生活に向けて』（宮内洋・松宮朝・新藤慶と共著、北大路書房、二〇二四年）など。

沖縄を中心に暴走族・ヤンキーの若者を対象とした、参与観察調査をおこなっている。

齋藤直子（さいとう・なおこ）

一九七三年生まれ。大阪教育大学総合教育系特任准教授。社会学。専門は部落問題研究、家族社会学。主な著書に『結婚差別の社会学』（勁草書房、二〇一七年）、『入門　家族社会学』（共著、新泉社、二〇一七年）、*Educaciones y Racismos, Reflexiones y casos*（共著、el Centro Universitario del Norte en Universidad de Guadalajara y Universidad Pedagógica Nacional, 2021）、『恋愛社会学――多様化する親密な関係に接近する』（共著、ナカニシヤ出版、二〇二四年）など、論文に「交差性をときほぐす――部落差別と女性差別の交差とその変容過程」（『ソシオロジ』第六六巻一号、社会学研究会、二〇二一年)など。

被差別部落出身者への結婚差別問題、部落女性をめぐる交差性、被差別部落へ／からの転入／転出、部落問題と「家」の関係性などについて研究している。

丸山里美(まるやま・さとみ)

一九七六年生まれ。京都大学大学院文学研究科准教授。社会学。専門はホームレス、貧困、ジェンダー研究、福祉社会学。主な著書に『女性ホームレスとして生きる——貧困と排除の社会学』(世界思想社、二〇一三年(増補新装版 二〇二一年))、『質的社会調査の方法——他者の合理性の理解社会学』(岸政彦・石岡丈昇と共著、有斐閣ストゥディア、二〇一六年)、『貧困問題の新地平——〈もやい〉の相談活動の軌跡』(編著、旬報社、二〇一八年)、*Living on the Streets in Japan: Homeless Women Break their Silence*(Trans Pacific Press, 2018)、『女性たちで子を産み育てるということ——精子提供による家族づくり』(牟田和恵・岡野八代と共著、白澤社、二〇二一年)などがある。「岩波講座　社会学」編集委員。

大学院在籍時から、女性ホームレスを対象に、ジェンダー化された貧困の様相をとらえる研究をおこなってきた。最近は、世帯のなかに隠れた貧困や、貧困の概念や把握の仕方について、ジェンダーの視点から研究している。

石岡丈昇(いしおか・とものり)

一九七七年生まれ。日本大学文理学部教授。社会学。専門は身体文化論、都市エスノグラフィー研究。主な著書に『ローカルボクサーと貧困世界――マニラのボクシングジムにみる身体文化』(世界思想社、二〇一二年(増補新装版二〇二四年)、第一二回日本社会学会奨励賞・著書の部受賞)、*Southern Hemisphere Ethnographies of Space, Place, and Time*(共著、R. Rinehart eds., Peter Lang, 2018)、『タイミングの社会学――ディテールを書くエスノグラフィー』(青土社、二〇二三年)、『エスノグラフィ入門』(ちくま新書、二〇二四年)など。

フィリピン・マニラの貧困世界を事例に、ボクシングジムやスクオッター地帯を調査しながら、貧困を生きる人びとの生活実践を記述している。現在は、身体と時間の関係を「タイミングの社会学」という切り口から、理論的に考察する仕事をおこなっている。

上間陽子(うえま・ようこ)

一九七二年生まれ。琉球大学教育学研究科教授。教育学。主な著書に、『裸足で逃げる――沖縄の夜の街の少女たち』(太田出版、二〇一七年)、『海をあげる』(筑摩書房、二〇二〇年、Yahoo!ニュース|本屋大賞2021 ノンフィクション本大賞受賞、池田晶子記念 わたくし、つまりNobody賞受賞、沖縄書店大賞受賞)、『沖縄子どもの貧困白書』(加藤彰彦・鎌田佐多子・金城隆一・小田切忠人と共編、かもがわ出版、二〇一七年)、『誰も置き去りにしない社会へ――貧困・格差の現場から』(平松知子ほかと共著、新日本出版社、二〇一八年)、『地元を生きる――沖縄的共同性の社会学』(岸政彦・打越正行・上原健太郎と共著、ナカニシヤ出版、二〇二〇年)、『復帰50年 沖縄子ども白書2022』(川武啓介・北上田源・島村聡・二宮千賀子・山野良一・横江崇と共編、かもがわ出版、二〇二二年)など。

学校から逸脱する少年・少女や沖縄の貧困などについて学校内・学校外から調査してきた。現在は若年女性の特定妊婦の出産・子育ての応援シェルター「おにわ」の代表として支援もおこなっている。

朴　沙羅（ぱく・さら）

一九八四年生まれ。ヘルシンキ大学文学部講師。社会学。専門はナショナリズム研究、社会調査方法論。主な著作に『外国人をつくりだす――戦後日本における「密航」と入国管理制度の運用』（ナカニシヤ出版、二〇一七年）、『家《チベ》の歴史を書く』（筑摩書房、二〇一八年（ちくま文庫、二〇二二年））、『ヘルシンキ　生活の練習』（筑摩書房、二〇二一年（ちくま文庫、二〇二四年））、『ヘルシンキ　生活の練習は続く』（筑摩書房、二〇二四年）、『記憶を語る、歴史を書く――オーラルヒストリーと社会調査』（有斐閣、二〇二三年）ほか、論文に“Colonialism and Sisterhood: Japanese Female Activists and the 'Comfort Women' Issue”（*Critical Sociology*, 2019）など。

戦後日本における出入国管理政策の歴史を調査しつつ、歴史認識とオーラルヒストリー収集プロジェクトとの関係も調査している。

調査する人生

2024年11月28日　第1刷発行
2025年2月5日　第2刷発行

著　者　岸《きし》 政《まさ》彦《ひこ》

発行者　坂本政謙

発行所　株式会社 岩波書店
〒101-8002 東京都千代田区一ツ橋 2-5-5
電話案内 03-5210-4000
https://www.iwanami.co.jp/

印刷・三秀舎　カバー・半七印刷　製本・中永製本

ISBN 978-4-00-061672-0　Printed in Japan